SPICKZETTEL FÜR LEHRER

W0285002

CARL-AUER

Claudia Timpner/Ruth Eckert

Körpersprache in der schulischen Kommunikation

2016

Reihe »Spickzettel für Lehrer«, Band 13
hrsg. von Christa Hubrig und Peter Herrmann
Reihengestaltung: Uwe Göbel
Umschlag und Satz: Heinrich Eiermann
Printed in Germany
Druck und Bindung: Kösel, Krugzell

Erste Auflage, 2016
ISBN 978-3-8497-0093-5

Bibliografische Information Der Deutschen Nationalbibliothek:
Die Deutsche Nationalbibliothek verzeichnet diese Publikation
in der Deutschen Nationalbibliografie; detaillierte bibliografische
Daten sind im Internet über http://dnb.d-nb.de abrufbar.

Informationen zu unserem gesamten Programm, unseren Autoren
und zum Verlag finden Sie unter: www.carl-auer.de.

Wenn Sie Interesse an unseren monatlichen Nachrichten
aus der Vangerowstraße haben, können sie unter
http://www.carl-auer.de/newsletter den Newsletter abonnieren.

Carl-Auer Verlag GmbH
Vangerowstraße 14
69115 Heidelberg
Tel. +49 6221 6438-0
Fax +49 6221 6438-22
info@carl-auer.de

CARL-AUER

Spickzettel für Lehrer – systemisch Schule machen

»Hast du einen Spickzettel?« Diese Frage kennen wir noch aus der Schulzeit, aus der Schülerperspektive, wenn es darum ging, sich auf Prüfungen und Klassenarbeiten vorzubereiten. Wechseln wir die Rolle und Perspektive und stellen uns auf die andere Seite des Klassenzimmers, auf der die »Wissenden«, d. h. die Lehrer, stehen. Schnell wird deutlich: Bei aller Erfahrung gibt es doch erhebliche »Wissenslücken« im Umgang mit schwierigen Situationen, ob sie nun das Lernen selbst, die Schule als Organisation oder die Beziehungen und das Verhalten der Beteiligten betreffen.

Systemisch orientierte Pädagogen können sich hier ruhig und entspannt zurücklehnen, wohl wissend, dass sie selbst »Fragende« sind – Fragende bezüglich passender

Antworten auf die sich stets wandelnden und neu entstehenden Konfliktfelder in der Organisation Schule, zwischen Schülern und Lehrern, zwischen Schule und Eltern und auch mit dem politischen Umfeld von Schule.

Aus systemischer Sicht sind Schwierigkeiten immer mit Lernchancen verbunden. Wo der Blick vom Problem auf die Lösung wechselt, wo man statt hinderlicher Defizite hilfreiche Ressourcen ins Auge fasst, kommt auch die Haltung in Bewegung. Ein gut platzierter Unterschied zieht dann oft viele positive Änderungen nach sich.

Die Bücher dieser Reihe wollen Einladungen sein, sich auf diese andere Sichtweise einzulassen. Sie sollen Lehrern, Erziehern und Schulleitern Methoden und Strategien zum täglichen Handeln anbieten, die Ihnen die Arbeit – und im besten Fall: das Leben – leichter machen. Sie sind auch Rezepte, die man ausprobieren und mit eigenen Zutaten verfeinern kann.

Wir wünschen Ihnen viel Spaß beim Lesen, Erfahren und Ausprobieren!

Christa Hubrig & Peter Herrmann
Institut für systemische Lösungen in der Schule (ISIS)
www.isis-institut-koeln.de

Inhalt

Vorbemerkung ... 9

1 Warum Körpersprache in der Schule eine besondere Bedeutung hat ... 12

1.1 Der Körper spricht immer ... 12

1.2 Unser evolutionäres Erbe ... 14

1.3 Effektive Kommunikation ... 17

2 Aspekte der Körpersprache ... 20

2.1 Bereiche der Körpersprache – Übersicht ... 20

2.2 Körperinszenierung ... 21

2.3 Bereiche der Körpersprache im Detail ... 22

2.4 Unvorteilhafte Körpersignale ... 43

2.5 Checkliste: Beobachtungsfragen bezüglich der eigenen Körpersignale ... 44

2.6 Die Beziehungsebene ... 45

2.7 Der erste Eindruck ... 48

3 Körpersignale überprüfen ... 50

3.1 Wahrnehmungsschärfung und Überprüfung ... 50

3.2 Worauf Sie bei der Überprüfung von Körpersignalen besonders achten sollten ... 52

3.3 Checkliste: Missverständnisse vermeiden ... 54

4 Wirkfaktor Status 58
4.1 Einleitung zum Thema Status 58
4.2 Statusmerkmale.. 61
4.3 Statusvarianten und ihre Auswirkungen......... 66
4.4 Status bewusst gestalten 71
4.5 Raus aus einem ungewollten Status! 75
5 Der Lehrer im Spannungsdreieck 86
6 Präsenz im Klassenzimmer...........................89
6.1 Was bedeutet Präsenz im Unterricht? 89
6.2 Übungen zur Präsenz 93
6.3 Präsenz zeigen 94
7 Die Macht der inneren Haltung 104
7.1 Innere Haltung und Stimmigkeit
(Glaubwürdigkeit).. 104
7.2 Reflexion der inneren Haltung.................. 106
7.3 Auswirkung der inneren Haltung
anhand von Beispielen 109
Dank 120
Bildnachweis 120
Literatur 121
Über die Autorinnen 123

Vorbemerkung

Die schulische Kommunikation und ihr Erfolg werden durch viele nonverbale Aspekte wie Haltung, Gestik, Mimik und Präsenz beeinflusst. Eine passende Körpersprache kann Lehrkräfte darin unterstützen, die gewünschte Wirkung zu erzielen und überzeugend aufzutreten.

In der Schule möchten wir möglichst effektiv kommunizieren sowie pädagogisch und bildungsorientiert handeln und wirken. Deshalb gilt es, Missverständnisse und Irritationen möglichst zu vermeiden und schulische Prozesse produktiv und störungsfrei zu gestalten. Mit unserer Körpersprache senden wir Botschaften, die über das gesprochene Wort hinausgehen und kommunikative Interaktionen wesentlich beeinflussen. Immer wenn Menschen miteinander in Kontakt kommen, kommunizieren sie auch nonverbal miteinander. Wie der Kommunikationswissenschaftler Paul Watzlawick so schön sagt: »Man kann nicht nicht kommunizieren« (Watzlawick 2007, S. 51).

Körpersprachliche Kenntnisse und eine erhöhte Wahrnehmung helfen uns, Situationen besser einzuschätzen und Kommunikationsprozesse effektiver zu führen sowie

Missverständnisse zu vermeiden. Durch den Einsatz einer lebendigen Körpersprache erreichen wir mehr Kooperation und Aufmerksamkeit. Eine klare körpersprachliche Präsenz hilft, Störungen zu vermeiden. Die Körpersprache sagt auch sehr viel über unsere Haltung und unsere Beziehung zum anderen aus. Oft vollziehen sich nonverbale Kommunikationsprozesse unbewusst – körpersprachliche Signale werden meist unbewusst gesendet und gedeutet. Ein bewusster Umgang mit der Körpersprache kann jedoch die Selbstwirksamkeit im Schulalltag erhöhen. Manchmal wird diesem wichtigen Aspekt in der Lehrerausbildung zu wenig Beachtung geschenkt. Da wir als Trainer in verbaler und nonverbaler Kommunikation schon seit einiger Zeit Körpersprachetrainings speziell für Lehrkräfte durchführen, freuen wir uns, die Erfahrungen und Erkenntnisse aus unseren Seminaren in diesem *Spickzettel* zusammengefasst weitergeben zu können.

Sie können das Buch von Anfang bis Ende durchlesen oder einzelne Kapitel, die Sie besonders interessieren. Wir wünschen uns, dass Sie das Buch wirklich als Spickzettel, also als kleine Erinnerungshilfe für Ihre eigene Auseinandersetzung mit Körpersprache benutzen und diese weiterentwickeln.

Für jede Auseinandersetzung, Anwendung und Deutung von Körpersprache gilt der Grundsatz der Überprüfung.

Jeder Lehrer und jeder Schüler ist anders und jede Situation immer beziehungs- und kontextabhängig. Lassen Sie sich inspirieren und entwickeln Sie Ihren eigenen Körpersprache-Spickzettel, denn Körpersprache ist so individuell, wie Sie es sind.

Fur Hinweise, Anregungen und Erfahrungsberichte sind wir dankbar und freuen uns über Ihre E-Mail an: claudia.timpner@szenenwechsel-business.com

Wir wünschen Ihnen viel Freude beim »Abspicken«.

Claudia Timpner & Ruth Eckert

Anmerkung: Für die bessere Lesbarkeit des Buches verwenden wir in der Regel die im allgemeinen Sprachgebrauch übliche männliche Form der Lehrenden und Lernenden, also Lehrer und Schüler, auch wenn wir natürlich beide Geschlechter meinen.

1 Warum Körpersprache in der Schule eine besondere Bedeutung hat

1.1 Der Körper spricht immer

Viele Lehrer agieren im Unterricht bewusst oder unbewusst erfolgreich, andere geraten immer wieder in ähnliche Schwierigkeiten. Eine Schulklasse kann bei dem einen Lehrer wunderbar mitarbeiten, beim anderen verwandeln sich die gleichen Schüler in kleine Teufel, die dem Lehrer das Leben schwer machen. Wissenschaftliche Untersuchungen zeigen, dass Schülerverhalten in überwältigendem Maße von der Klassenführung abhängt (Nolting 2013). Wir können also davon ausgehen, dass es bestimmte Verhaltensweisen seitens der Lehrkräfte gibt, die sich als günstig erweisen, wenn es um die Reduktion von Störungen, die Schaffung eines guten Schulklimas sowie Motivation und Kooperationsbereitschaft geht. Wichtige Voraussetzungen für eine gute Klassenführung sind neben der Sachkompetenz und einer guten Planung des Unterrichts eine souveräne Präsenz, eine klare nonverbale Kommunikation sowie eine positive Lehrer-Schüler-Beziehung. Eine souveräne körperliche Ausstrahlung mit einer selbstsicheren und wertschätzenden inneren Haltung wirkt überzeugend und gibt Schülern das Gefühl, geschätzt und wahrgenommen zu werden. Dies wirkt sich positiv auf die Motivation, die Kooperation, den Unterricht und das Schulklima aus.

Durch die Körpersprache erhalten wir Hinweise und Informationen über Gefühle, Beziehungen, Einstellungen und Stimmungen, die nicht verbal ausgedrückt werden, aber dennoch eine wichtige Aussage haben und menschliche Interaktionen wesentlich beeinflussen. Die Körpersprache, die Sprache des Körpers, vermittelt vor allem, *wie wir uns fühlen, was wir denken und wie wir Situationen bewerten.*

Als Lehrkraft stehen Sie, vor allem im Unterricht, im Fokus der Aufmerksamkeit. Somit wird *alles* – nicht nur das, was Sie sagen, sondern *alles,* was sichtbar (Körpersignale) und hörbar ist – interpretiert und bewertet. Dies läuft beim Gegenüber meist unbewusst und so schnell ab, dass dieser Vorgang gar nicht bewusst wahrgenommen wird. Wir können, wie gesagt, *nicht nicht kommunizieren* (Watzlawick 2007, S. 51). In vielen schulischen Situationen ist es daher hilfreich, sich bewusst mit Körpersprache auseinanderzusetzen, um Körpersignale auf ihre Wirkung hin zu beobachten und gegebenenfalls zu verändern.

Ein Beispiel aus der Praxis:

Die junge sympathische Referendarin Frau Neu stellte sich zu Beginn jeder Unterrichtsstunde frontal und breitbeinig vor ihre Erstklässler und wunderte sich, warum diese sie so verschreckt von unten anschauten und der Unterricht nicht so recht in Fluss kam.

Frau Neu hatte noch nicht so viel praktische Unterrichtserfahrung, und aus Unsicherheit nahm ihr Körper unbewusst und unwillkürlich eine Macht- und Dominanzposition ein, die ihre Unsicherheit überdecken sollte, die ihren Schülern jedoch Angst einjagte und den Unterricht stocken ließ. Nachdem sie diesen Zusammenhang erkannt hatte, erlebte sie, welchen Unterschied ein paar körpersprachliche Korrekturen ausmachten und konnte eine liebevolle und lernbereite Beziehung zu ihren Schülern und Schülerinnen aufbauen.

1.2 Unser evolutionäres Erbe

Die Körpersprache ist die direkteste und unmittelbarste Sprache sowie die erste Sprache, die wir überhaupt sprechen und zu interpretieren lernen. Daher ist sie für uns sehr prägend. Als Baby stehen uns nur die Mittel des Körpers (die Lautstärke eingeschlossen) zur Verfügung, um unsere Bedürfnisse zum Ausdruck zu bringen und unser Gegenüber zu erfassen.

Entwicklungsgeschichtlich gesehen ist Körpersprache die ältere Sprache und hat bereits unsere Vorfahren vor so manchem Unglück bewahrt. Als uns unsere *normale*, also verbale Sprache als Kommunikationsmittel noch nicht zu Verfügung stand, entschied die richtige Interpretation der Körpersprache über *Sein* oder *Nichtsein.*

Körpersprache wird dem sogenannten Säugetiergehirn bzw. Mittelhirn zugewiesen, ihre Entstehung wird, wie das emotionale Zentrum, dem limbischen System zugeordnet, in dem die Verarbeitungsprozesse für Gefühle und instinktive Verhaltensweisen ablaufen.

Unser Gehirn steuert alle menschlichen Vorgänge, auch die unbewussten Vorgänge wie z. B. Herzfrequenz, Atmung etc. Die unmittelbaren Reflexe laufen ungefiltert ab und rufen eine automatische aufrichtige Reaktion hervor. Diese überaus schnellen instinktiven und überlebenswichtigen Verhaltensweisen sind vor allem dann wichtig, wenn es um bedrohliche und gefährliche Situationen geht. Tiere und auch Menschen reagieren auf bedrohliche Situationen folgendermaßen: Sie erstarren, fliehen oder kämpfen. Wenn man sich einer akuten Gefahr gegenüber sieht, bleibt nicht viel Zeit zum Nachdenken. Auge in Auge mit einem Tiger gibt es keinen Spielraum für zeitaufwendige Analysen.

Natürlich stehen wir heutzutage keinem Säbelzahntiger mehr gegenüber, sondern anderen durch unsere Zivilisation geprägten Stresssituationen – als Lehrer z. B. eine herausfordernde Schulklasse, die uns vielleicht ängstigt, einen Kollegen, der unsere pädagogische Kompetenz anzweifelt, oder Eltern, die uns einschüchtern wollen. Unser evolutionäres Erbe schläft nicht und startet unser bewährtes Überlebensprogramm, um uns zu warnen oder schützen. Da wir jedoch in der Regel weder erstarren noch fliehen oder kämpfen können, reagiert unser Körper auf die eine oder andere Art und Weise. Dies kann sich zum Beispiel äußern als körperliche Blockade, als Schulternzusammenziehen, Kleinmachen, Stammeln, plötzliches Rotwerden, hektische Bewegungen, Verwendung von Beruhigungsgesten etc. Natürlich versuchen viele, diese *urmenschlichen Reaktionen* zu verbergen, doch meist spiegelt unser Körper solche Stresssignale nach außen. Unser Gegenüber nimmt diese Signale unbewusst oder bewusst wahr und reagiert unbewusst oder bewusst darauf.

Eine bewusste Auseinandersetzung mit Körpersprache in den jeweiligen Kontexten lässt uns diese Vorgänge verstehen. Wenn wir wissen, warum und wie unser Körper in bestimmten Situationen reagiert, können wir dies beeinflussen. Gerade in Situationen, die als schwierig erlebt werden und in denen es nicht so läuft, wie wir es gerne hätten, können wir durch bewussten Einsatz von Körpersprache oder einer veränderten inneren Haltung schon viel erreichen.

1.3 Effektive Kommunikation

»Die Botschaft hör ich wohl, allein mir fehlt der Glaube.«
Johann Wolfgang von Goethe

Es gibt einige wissenschaftliche Studien, die die besondere Bedeutung der Körpersprache in Kommunikationsprozessen untersucht haben und die verdeutlichen, wie wichtig die Körpersprache in Kommunikationssituationen ist. Die bekannteste ist die Studie des amerikanischen Psychologen Albert Mehrabian (1972).

Im Wesentlichen besagt die Studie Folgendes: Wenn die drei Bereiche Körpersprache, Intonation und Inhalt nicht übereinstimmen, geht die inhaltliche Botschaft weitgehend unter. Die Wirkung der Kommunikation beruht zu 55 % auf der Körpersprache, zu 38 % auf der Intonation und zu 7 % auf dem Inhalt. Somit sind 93 % der Wirkung auf Körpersprache und Stimme ausgerichtet und nur 7 % auf den Inhalt.

Albert Mehrabians Forschung richtete sich auf die Effektivität von Kommunikation. In seinen Untersuchungen wurde ermittelt, wie Menschen eine Aussage bei Widersprüchen zwischen gesprochenem Wort und Stimme bzw. Stimme und Mimik zuordnen. Auch wenn seine Ergebnisse keine allgemeingültigen Aussagen über Kommunikationsvorgänge schaffen, ist es bemerkenswert festzustellen, dass man dem Inhalt sehr wenig Beachtung schenkt, wenn Körpersprache und Stimme nicht dazu passen. Natürlich sind Inhalte wichtig, entscheidend für die Effektivität der Kommunikation ist jedoch, dass das, *was* gesagt wird, auch mit dem, *wie* es gesagt wird, übereinstimmt. Unsere Kommunikationskompetenz hängt also wesentlich von einer Übereinstimmung der Bereiche Inhalt, Intonation und Körpersprache ab.

Im Alltag ist uns die enorme Bedeutung unserer nonverbalen Signale oft nicht bewusst. Manchmal vermitteln wir beispielsweise unstimmige Botschaften an unsere Schüler und sind dann überrascht oder enttäuscht, dass die Schüler unsere Anweisungen nicht befolgen.

Ob Lehrer in ihrem Unterricht oder in Gesprächssituationen erfolgreich sind, ob ihre Anweisungen befolgt werden, ob sie als Autorität respektiert bzw. gemocht werden, ist letztlich auch eine Frage der Stimmigkeit und Glaubwürdigkeit.

Wenn zwei Botschaften im Konflikt zueinander stehen, kommt es zu Irritationen, und der nonverbalen Botschaft wird bedeutend mehr Beachtung geschenkt.

2 Aspekte der Körpersprache

2.1 Bereiche der Körpersprache – Übersicht

Wenn man sich mit Körpersprache beschäftigt, ist es sinnvoll, einen kurzen Blick auf die unterschiedlichen Bereiche zu werfen und sich deren Besonderheiten ins Gedächtnis zu rufen. Körpersprache umfasst mehr Bereiche, als man auf Anhieb vielleicht meint, denn zu den Bereichen der Körpersprache gehören auch die Stimme und das Raumverhalten. Im Folgenden ein kurzer Überblick:

- *Mimik und Blick*
- *Gestik*
- *Körperhaltung und Gangarten*
- *Raumverhalten und Territorien*
- *Stimme und Tonfall*
- *Status*

Es ist wichtig zu betonen, dass kein körpersprachliches Signal für sich allein steht. Körpersprachliche Signale treten stets im Verbund mit anderen auf. Viele Signale wirken zusammen und ergeben dadurch erst ein körpersprachliches Gesamtbild, einen bestimmten körpersprachlichen Ausdruck. Wenn wir beispielsweise lachen, verändert sich oft nicht nur unsere Mimik, sondern der ganze Körper gerät in Bewegung (*wir schütteln uns vor Lachen, wir krümmen uns vor Lachen, wir machen in die Hose vor Lachen …*). Dennoch ist es günstig, die Körpersprache in einzelne Bereiche aufzugliedern, um sie leichter beobachten, reflektieren und trainieren zu können. Auch sollten Sie bei Ihren Beobachtungen kulturelle Unterschiede und soziale Gewohnheiten mit einbeziehen.

2.2 Körperinszenierung

In der Schule ist generell die Außenwirkung von Bedeutung, daher hier noch ein kurzer Seitenblick auf die Körperinszenierung. Unter Körperinszenierung verstehen wir:

- *Kleidung (Anzug, Krawatte, Rock, Farbe, Sauberkeit, Zustand etc.)*
- *Schmuck, Uhren*
- *Piercing, Tattoos*
- *Schminke*
- *etc.*

Kleidung sollte den Schulregeln, der Altersstufe und der jeweiligen Situation entsprechend gewählt werden. Dabei ist z. B. zu beachten: Anzug und Krawatte wirken förmlich, Miniröcke und durchscheinende T-Shirts können bei männlichen Jugendlichen zu Ablenkungen führen, Stöckelschuhe beeinflussen das Stand- und Gehverhalten, enge Kleidung engt den Bewegungsradius ein usw.

2.3 Bereiche der Körpersprache im Detail

2.3.1 Mimik

Die Mimik ist der sichtbare Ausdruck aller Gesichtsmuskeln. Der Mensch kann rund 3000 unterschiedliche Gesichtsausdrücke zeigen, die Gefühle widerspiegeln. Doch es sind genau sechs Basisemotionen, die bei allen Menschen mit einem sehr ähnlichen, für dieses Gefühl charakteristischen Gesichtsausdruck begleitet werden (Ekman 2010).

Der amerikanische Psychologe Paul Ekman beschäftigte sich mit der Frage, ob bestimmte Emotionen in allen Kulturen gleich verstanden werden. Das Ergebnis hat selbst ihn verblüfft. Er fand heraus, dass die Gefühle *Zorn, Angst, Überraschung, Freude, Trauer* und *Ekel*, (manche zählen auch *Verachtung* dazu) von einer für das jeweilige Gefühl typischen Mimik begleitet werden. Das ist bei jeder Nation gleich, nur die Ausprägung ist unterschiedlich – dabei wird entsprechend dem kulturellen Kontext erlernt, wie offen diese Emotion gezeigt wird (Ekman 2010).

Die Mimik zeigt, ob jemand wirklich lächelt oder nur so tut, ob er ernst schaut, ob sein Gesichtsausdruck starr wirkt oder entspannt. Auch die Mundhaltung »*spricht*«. Schmal zusammengekniffene Lippen entschlüsseln viele Schüler als Zeichen für einen strengen und harten Lehrer. Bei einem ständig lachenden Mund können sie glauben, mit diesem Lehrer ein leichtes Spiel zu haben. Heruntergezogene Mundwinkel zeigen Missmut und schlechte Laune. Dies muss nicht unbedingt mit der Realität übereinstimmen. Doch Interpretationen vollziehen sich, wie bereits erwähnt, sehr schnell und spontan.

Ihr Gesichtsausdruck gibt Hinweise darauf, wie Sie wirken – ob Sie beispielsweise müde, besorgt, missmutig oder gut gelaunt sind.
Wenn Sie sich selbst in einer guten Verfassung befinden, wird sich das in Ihrer Mimik widerspiegeln.

2.3.2 Blick

Ich habe dich im Blick. Ein Blick sagt mehr als tausend Worte. Wenn Blicke töten könnten … Sie kennen sicherlich solche Redensarten, die auf die besondere Macht unseres Blicks hinweisen. Über die Augen, den Blick, nehmen wir Verbindung zu unserem Gegenüber auf und schaffen *Blickkontakt.*

In einem normalen Gespräch tanzt der Blick zwischen Anschauen und Nichtanschauen hin und her. Zu einem Gespräch gehören Phasen, in denen man wegschaut und nachdenkt, um beispielsweise eine Formulierung zu finden, und Phasen, in denen wir den anderen direkt anschauen. Wenn Sie ein anregendes Gespräch führen möchten, achten Sie darauf, dass Sie mehr hinschauen als wegschauen.

Wenn Sie etwas einfordern, ermahnen oder motivieren wollen, sollten Sie bewusst hinschauen und dem Blick eine Bedeutung geben.

Beim gemeinsamen Nachdenken und Entwickeln ist das gelegentliche Wegschauen wichtig, um Gedanken in Fluss kommen zu lassen.

Das Bewusste »*Nichtanschauen*« ist ein Signal dafür, dass der Kontakt im Moment nicht erwünscht ist.

Die Wirkung eines Blickes hängt von der jeweiligen Situation und auch von der kulturellen Prägung ab.

Hier eine kleine Auswahl von Blickweisen und deren mögliche Wirkung:

Mit dem Blick fixieren

Schaut man einen Schüler zu lange an, kann er sich betroffen, verunsichert oder provoziert fühlen. Manchmal kann diese Wirkung beabsichtigt sein. Allerdings begibt man sich durch einen fixierenden Blick in ein Machtspiel. Manche Schüler spielen gerne Machtkämpfe: Wer hält den Blick des anderen am längsten aus? Wenn Sie diesen Machtkampf gewinnen, können Sie, ohne viel zu diskutieren, Ihre Position deutlich machen. Die Schüler werden ruhig, verlegen und hören auf zu stören. Sie als Lehrer müssen diesem Blick jedoch innerlich standhalten können.

Abschätzender Blick

Blicke von oben nach unten können taxierend oder abschätzend wirken.

Skeptischer Blick

Blicke aus dem Augenwinkel wirken skeptisch, möglicherweise misstrauisch. Dieser Blick kann aber auch in manchen Situationen, zum Beispiel beim Tafelanschrieb verstohlen und unsicher wirken.

Starrer Blick

Ein starrer Blick, mit zusammengezogenen Augenbrauen drückt Wut oder Misstrauen aus. Wenn wir sehr konzentriert sind, ziehen wir ebenfalls die Augenbrauen zusammen. Der *konzentrierte* und der *starre Blick* werden häufig miteinander verwechselt. Wenn Lehrer hochkonzentriert sind und Schüler fragen, warum sie so böse schauen, liegt eine Verwechslung vor. Wenn wir bemerken, dass unser Blick häufig anders wahrgenommen wird als von uns beabsichtigt, können wir dem z. B. durch Lächeln entgegenwirken.

Flatteriger Blick

Ist der Blick unruhig und flatterig, zum Beispiel durch unruhiges Hin- und Herblicken zwischen mehreren Personen, kann der Eindruck von Unsicherheit oder Nervosität entstehen.

Augenverdrehen

Augenverdrehen wirkt abschätzend und kann Ihr Gegenüber verunsichern oder auch provozieren. Schüler können sich dadurch abgelehnt fühlen.

Staunender Blick
Ein gerader Blick mit nach oben gezogenen Stirnfalten zeigt Erwartung und Erstaunen und kann eine Aufforderung für den Schüler sein, das Gesagte zu erklären.
Offener Blick
Ein offener, anteilnehmender Blick mit leicht nach oben gezogenen Mundwinkeln wirkt freundlich.

Machen Sie sich bewusst, dass Sie mit Ihrem Blick kommunizieren.

2.3.3 Gestik

Gestik beinhaltet alle Bewegungen der Hände, Arme und des Kopfes. Mimik und Gestik wirken meist zusammen und sind sehr stark mit dem Sprechakt verbunden. Gestikulieren unterstützt das Denken und Formulieren von Inhalten. Gestik ist die Bildsprache des gesprochenen Wortes. Sie erhöht das Verständnis und aktiviert einen zusätzlichen Sinneskanal, was für Verständnis und Lernen förderlich ist. Durch Gestik kann man das Sprechtempo regulieren, die Aussprache akzentuieren und Unterrichtsstoff lebendig vermitteln. Eine echte Gestik geht immer dem gesprochenen Wort voraus oder vollzieht sich gleichzeitig mit dem Sprechen.

Es gibt sehr unterschiedliche Arten von Gesten, sie können individuell, universell, vereinbart oder kulturell erworben sein.

Besonders die Unterscheidung von offenen und geschlossenen Gesten sowie das Erkennen von Stress- und Beruhigungsgesten hat sich in der Praxis als hilfreich erwiesen.

Beachten Sie stets, dass sich die eigentliche Wirkung immer erst durch den Gesamtzusammenhang ergibt.

Offene Gesten wirken eher einladend, geschlossene Gesten eher abweisend.

Offene Gesten

Gesten, mit denen man mit offenen, nach außen gerichteten Handflächen agiert.

Mögliche Aussage: »*Ich habe nichts gegen dich in der Hand. Ich tue dir nichts.*« Wenn man Schüler zur Mitarbeit ermuntern möchte, ist es hilfreich, offene und einladende Gesten zu verwenden.

Abb.1: Offene Gesten beim lebendigen Erzählen
Momentaufnahme: freudig in Erläuterungen oder Erzählung begriffen, die Augenbrauen sind nach oben gezogen, der Mund offen, mit einem Lächeln, offene erläuternde Gestik der Hände in einer Aufwärtsbewegung. Die Augen blicken das Gegenüber nicht direkt an, sondern scheinen auf etwas in der Entfernung zu reagieren, die Person wirkt freudig überrascht.

Geschlossene Gesten

Gesten mit den Handflächen nach unten

- geschlossene Handflächen
- Hände in den Hosentaschen
- die Arme hinter dem Rücken verborgen
- Gesten, die eine Barriere schaffen
- vor der Brust verschränkte Arme
- Auch das Halten von Aktenordnern und Heften vor der Brust schafft eine Barriere.

Mögliche Aussage: »*Ich gebe nicht alles von mir preis. Du musst achtgeben.*«

Stress- und Beruhigungsgesten

häufiges Reiben von Daumen, Zeigefinger, Mittelfinger aneinander

- Hand an den Hals
- Spielen mit den Fingern am Hals oder an den Haaren
- stark zusammengepresste Hände
- Hände umfassen die Ellbogen, es entsteht der Eindruck, dass man sich an sich selbst festhält.

Mögliche Aussage: »*Ich muss mich meiner selbst versichern, mich beruhigen.*« Selbstberührungen dienen der

Stressreduktion und Selbstberuhigung. Das Gegenüber stellt sich die Frage: »*Warum muss sich jemand selbst beruhigen?*« Selbstberührungsgesten senken den Status.

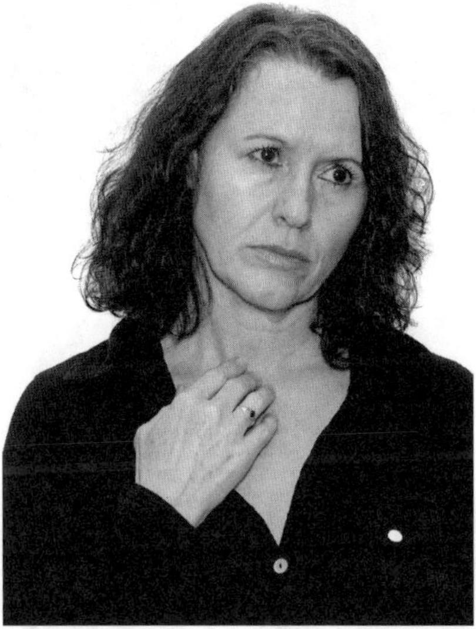

Abb. 2: Selbstberuhigungsgeste

Wie wirkt diese Person mit ihren unterschiedlichen Körperhaltungen auf Sie?

Abb. 3–6: Eine geschlossene Gestik kann durch kleine Unterschiede z. B. in der Mimik eine offenere Wirkung erzielen.

Worauf Sie achten können:

Inkongruente Gesten

Jemand begrüßt Sie z. B. und steckt dabei die Hände in die Hosentasche, statt Ihnen die Hand zu geben.

Selbstberührungsgesten

Gesten, mit denen wir uns häufig selbst berühren

Enge Gesten

Gesten extrem nah am Körper deuten auf eine defensive oder unsichere Haltung hin.

Ausladende Gesten

Gesten, die in den Raum des anderen greifen, wirken grenzüberschreitend und dominant.

Abgeknickte Hände und zu lockerere Handgelenke

Dies signalisiert Kraftlosigkeit.

Zum Schlagen geformte Hände

Sie signalisieren Bedrohung – auch ohne Berührung.

Der auf eine Person gerichtete Zeigefinger

Dieser wird von den meisten Schülern als negativ (z. B. bloßstellend, vorführend, angreifend) empfunden.

Wie wirkt diese Person mit ihrer Gestik auf Sie?

Abb. 7

Gesten sollten Sie in Ihrer Kommunikation unterstützen; vermeiden Sie:

- beim Sprechen und Gestikulieren eine Hand auf den Mund zu legen,
- beim Gestikulieren die Sichtachse (den freien Blick auf ihr Gesicht) mit Armen und Händen zu kreuzen und
- inkongruente Gesten.

Betrachten Sie einmal Gesten im Verhältnis zur Körpergröße. Wie würde es auf Sie wirken, wenn ein kleiner Mann ganz viele große Gesten macht?

2.3.4 Körperhaltung und Gangarten

Wie aufrecht Sie stehen, wie Sie gehen, wie Sie sitzen, wie Sie Ihre Füße stellen und sich bewegen, all das hat eine eigene Aussage. Die Körperhaltung gibt immer auch einen Hinweis auf die innere Haltung, den Status und die Gefühlslage. Eine bestimmte Haltung oder ein bestimmter Gang sollte zur jeweiligen Absicht und zur Situation passen.

Körperhaltung

Eine offene Körperhaltung wendet sich jemandem zu.

- Eine geschlossene Körperhaltung wendet sich ab oder ist nach innen gekehrt.
- Eine offene, aufrechte Körperhaltung wirkt souverän.
- Ein gekrümmter Rücken und eingedrehte Füße lassen uns unsicher und klein erscheinen.
- Ein stabiler Stand verleiht Sicherheit und Souveränität.

In vielen Situationen ist ein stabiler Stand vorteilhaft. Bei einem stabilen Stand sind keine Muskeln unnötig angespannt, bei einem instabilen Stand sind viele Muskeln beteiligt.

Eine große Muskelanspannung gibt Hinweise darauf, dass wir mehr Muskeln anspannen als notwendig, das kann zu Verspannungen und körperlichen Blockaden führen.

Gangarten

Jemand, der mit großen, energischen Schritten den Raum betritt, strahlt Entschlossenheit aus.

- Langsame, kleine Schritte wirken eher zaghaft und zögerlich.
- Kurze, schnelle Schritte können hektisch wirken.
- Ein langsamer und schwerer Gang wirkt schleppend und energielos.

2.3.5 Raumverhalten & Territorien

Jeder Mensch hat seinen ganz persönlichen Raumanspruch. Das ist der Abstand, den wir automatisch zu unseren Mitmenschen einnehmen, wenn uns dies möglich ist. Im Aufzug beispielsweise ist das nicht möglich.

Hier behelfen wir uns anders: Wir gehen einfach aus dem Blickkontakt und schauen auf den Boden oder auf die Wand.

Auch im Klassenzimmer finden wir besondere Raumverhältnisse. Für eine gute Beziehungsgestaltung kann es wichtig sein, die persönlichen Distanzzonen im Blick zu behalten.

Grundsätzlich gilt: Jeder Mensch hat sein eigenes »Wohlfühl-Distanzempfinden«. Damit ist die Distanz gemeint, die man nicht unterschreiten sollte, weil der Betreffende sich sonst beginnt unwohl zu fühlen. Je vertrauter uns ein Mensch ist, umso kleiner ist die Distanzzone.

Für Berührungen gilt: Je besser man sich kennt, umso eher werden sie akzeptiert und als Freundschaftsbeweis verstanden.

In vielen Situationen dringen Lehrer in die persönliche Zone von Schülern ein, beispielsweise durch das Herüberbeugen und den Blick über die Schulter ins Heft des Schülers. Eine ungewollte Nähe kann zu Unbehagen führen oder sogar provozieren. Denn unser Überlebensprogramm *Flucht, Erstarrung oder Angriff* ist auch hier aktiv und löst Stress aus.

Im Kontakt mit Schülern, Eltern oder Kollegen ist zu beachten:
Ungewollte Nähe löst Stress aus und kann zu Unbehagen führen oder sogar provozieren.
Je besser man sich kennt, desto näher darf man sich sein.

Territorien

Die gesamte Schule und besonders der Klassenraum sind Territorien, die von Schülern und Lehrern eingenommen werden. Der Klassenraum sollte ihr gemeinsamer Raum sein – ein Raum, in dem sich alle wohlfühlen und in dem sie gerne zusammen sind. Beziehen Sie beispielsweise Ihre Schüler in die Gestaltung des Raums mit ein, vereinbaren Sie Klassenregeln für diesen Raum und sorgen Sie für Verantwortung und Einhaltung der Klassenregeln gegenüber dem *gemeinsamen Territorium.* Dennoch sollten Sie in diesem Raum das Sagen haben.

Es ist ein Unterschied, ob Lehrer sich bereits im Klassenraum befinden oder ob Sie gemeinsam mit den Schülern den Raum betreten oder ob die Schüler zu einem Lehrer in den Raum hineingehen.

Lehrer, die einen eigenen Klassenraum haben, zu denen die Schüler in den Raum kommen, spüren diesen Unterschied sofort, wenn die Klassenraumverhältnisse geändert werden und sie zu den Schülern in die Klasse gehen müssen. Jetzt ist der Raum bereits besetzt, und der Lehrer muss erst seine Position deutlich machen. Ist der Lehrer dagegen schon im Klassenraum, ist er vom ersten Moment an präsent.

Falls die Schüler zu Ihnen in den Raum kommen, begrüßen Sie sie doch einmal mit Namen oder per Handschlag – je nachdem, was Ihnen für Ihre Schüler passend erscheint.

Das Handgeben ist eine gesellschaftlich akzeptierte Berührung. Berührungen schaffen Nähe und liefern zugleich sehr schnell viele Informationen über das Gegenüber.

Reflexion: Ist es für Sie ein Unterschied, ob Sie bereits in einem Klassenraum sind oder zu den Schülern in den Klassenraum gehen oder mit den Schülern zusammen den Klassenraum betreten?
Ist der Raum für den Unterricht vorbereitet oder entsprechend eingerichtet? Liegen Ihre Unterlagen für den Unterricht bereit?

2.3.6 Stimme

Wie bereits erwähnt trägt eine lebendige Stimme wesentlich zum Verständnis des Gesagten bei, sie erhöht die Aufmerksamkeit und erzeugt Motivation. Mit der Art des Sprechens kann man auch Unterrichtsphasen unterstützen oder steuern.

In den meisten Klassen kommt es vor, dass es manchmal einfach zu laut ist. Viele Lehrer werden dann mit ihrer Stimme entweder ganz leise oder sehr laut. Wir möchten Ihnen hier eine andere Technik vorstellen, wie Sie mit der eigenen Stimme den Lärmpegel absenken können. Sie stammt vom Kommunikationswissenschaftler Michael Grinder (2006).

Lautstärke senken: Ist der Lärmpegel in der Klasse sehr laut, müssen die ersten Worte lauter sein als der Lärmpegel der Klasse, sonst kann es Ihnen passieren, dass Sie überhaupt nicht wahrgenommen werden. Vielleicht ist die Klasse überrascht und wird schon etwas stiller. Der zweite Schritt ist die Sprechpause mit Blickkontakt zu den Schülern. Damit zeigen Sie der Klasse, was Sie von ihr erwarten. Nun senken Sie den Lautstärkepegel Ihrer Stimme ab, bis Sie fast flüstern. So bringen Sie die Schüler der Klasse dazu, dass sie aufmerksamer werden und besser zuhören. Dann beginnen Sie zu unterrichten und gehen vom Flüsterton zu Ihrer normalen Lautstärke über.

Bei der Stillarbeit dagegen ist es wichtig, die Stille nicht zu unterbrechen und selbst möglichst wenig und leise zu sprechen, wenn man von Schülern etwas gefragt wird. Man kann auch versuchen, nonverbal zu antworten, zum Beispiel durch Zeigen auf die Aufgabenstellung, Nicken oder Schreiben eines Hinweises.

Es gibt eine *bestimmende Stimme* und eine *einladende Stimme*, die je nach beabsichtigter Wirkung eingesetzt werden kann. Eine *bestimmende Stimme* kann verwendet werden, wenn man im Klassenzimmer Disziplin durchsetzen oder ein ernstes Gespräch mit den Schülern führen will. Oder wenn ein Thema die volle Aufmerksamkeit der Schüler erfordert. Diese Stimme trägt die Botschaft: »*Tue/höre, was ich sage. Keine Widerrede.*« Die Körperhaltung ist selbstsicher und souverän. Für die Betonung gilt: Am Ende nach unten – nicht nach oben wie bei einer Frage.

Die *einladende Stimme* ist die Stimme, mit der man etwas bespricht, wenn eine Diskussion, eine aktive Beteiligung, Anregungen und Vorschläge willkommen sind.

Diese Stimme fördert die Konversation, den Austausch. Bei der *einladenden Stimme* ist der Körper weich und offen. Die einladende Stimme dient dazu, dass sich die Gesprächspartner mitteilen und/oder intensiv am Thema beteiligen. Sie trägt die Botschaft: »*Ich gebe dir den Raum und die Zeit, dich mitzuteilen.*« Hin und wieder geht die Stimme beim Beenden einer Aussage hinauf wie bei einer Frage.

Ein Nachteil der *einladenden Stimme* könnte sein, dass Lehrer sie zu häufig oder in der falschen Situation anwenden und sich dann nur schwer durchsetzen können. Werden Feststellungen oder Anweisungen mit einer *einladenden Stimme* gemacht, kann es geschehen, dass diese diskutiert und infrage gestellt werden.

Hier ein paar Hinweise, worauf Sie beim Thema Stimme achten können:

- Achten Sie auf eine saubere Artikulation.
- Hetzen Sie sich nicht beim Sprechen. Alles, was Sie sagen, ist wert, gehört zu werden.
- Schweifen Sie nicht zu sehr ab und dehnen Sie den Sprechrhythmus nicht zu sehr in die Länge: Das ermüdet.

- Ein lebendiger Unterricht braucht eine lebendige Stimme! Experimentieren Sie mit Rhythmus, Lautstärke, Pausen und Emotionen.

2.4 Unvorteilhafte Körpersignale

Es gibt ein paar Körpersignale, die Sie als Lehrkraft vermeiden sollten, wenn Sie einen überzeugenden Eindruck erzielen möchten:

- Arme verschränken und breitbeinig stehen
- »Djangohaltung«, beide Hände in den Gürtel
- häufige Selbstberührungen
- zappeln, fummeln, nesteln
- oft mit den Haaren spielen
- mit den Händen fuchteln
- zu lockere Handgelenke, schlaffe Handgelenke
- Zeigefinger, spitze Gesten
- Stimme: zu leise, zu hoch, zu schnell, nuscheln, unverständlich
- monotone Stimme
- ständiges Kopfschiefhalten und dabei Lächeln
- das Kopfschütteln bei einer Antwort von Schülern, auch wenn die Antwort nicht richtig ist

2.5 Checkliste: Beobachtungsfragen bezüglich der eigenen Körpersignale

Sehe ich andere aufmerksam an, wenn sie mit mir sprechen?

- Ist meine Haltung, Gestik, Mimik eher offen oder geschlossen?
- Ist meine Haltung, Gestik, Mimik, besonders mein Mund *ent*- oder *ver*spannt?
- Neige ich dazu, über andere in einer bestimmten Art und Weise zu denken – besonders, andere Personen negativ einzustufen?
- Kann ich Stresssignale bei mir identifizieren, z. B. an der Kleidung herumnesteln, an den Kopf fassen, den Blick auf den Boden senken?
- Wie ist mein Tonfall? Zum Beispiel: aggressiv, ärgerlich, belehrend, gereizt, nörgelnd oder ruhig, beruhigend, sachlich, freundlich, begeistert?
- Bin ich gut verständlich? Spreche ich deutlich? Zu laut, zu leise? Neige ich dazu, zu schnell zu sprechen?
- Nutze ich Gestik und Tonfall, um das Gesagte zu untermalen, zu rhythmisieren und zu strukturieren?

2.6 Die Beziehungsebene

Viele körpersprachliche Signale stehen meist im Zusammenhang mit unseren zwischenmenschlichen Beziehungen und unserer inneren Haltung. Denn Körpersprache ist *das* Medium, mit dem wir den anderen vor allem signalisieren, welche Gefühle wir ihnen gegenüber haben, wie unsere Beziehung zum anderen ist und was wir über den anderen denken.

Einige Lehrer möchten objektiv und neutral erscheinen und versuchen daher, jede Gefühlsregung zu verbergen. Manche wiederum haben Angst, Gefühle zu zeigen, weil sie glauben, dadurch angreifbar zu sein, oder aus Sorge, nicht professionell zu erscheinen oder an Autorität zu verlieren. Auch keine Gefühlsregungen zu zeigen kann zu Irritationen führen. Gefühle sind ein ganz normaler Bestandteil unseres Zusammenlebens und machen unsere Kontakte lebendig und unser Leben reicher.

Kommunikative Kompetenz besteht auch in der Anerkennung der eigenen Gefühle und der Bedürfnisse, die damit verbunden sind. Eine Beziehungsebene, die allein auf Unterdrückung und Beherrschung von Gefühlen beruht, verkennt, dass wir uns in einem lebendigen

System befinden, in dem der Ausdruck von Gefühlen eine kommunikative Rolle spielt. Sämtliche Gefühle zu unterdrücken, um möglichst neutral zu wirken, erschwert die Beziehungsgestaltung ebenso wie unkontrolliertes Herumbrüllen oder aggressive Übergriffe. Manchmal kann es durchaus richtig sein, seinen Unmut oder seine Freude zum Ausdruck zu bringen. Schüler wissen dann, woran sie sind und welche Reaktion ihr Verhalten auslöst – diese Rückkopplung kann ein wichtiger Bestandteil einer direkten und ehrlichen Kommunikation sein.

Gerade wenn es, wie zum Beispiel im Unterricht, um Stoffvermittlung geht und Inhalte transportiert werden sollen, ist eine lebendige und emotionale Stimme wichtig, um Aufmerksamkeit, Anteilnahme und Motivation zu erzeugen. Sie sorgt sogar für eine bessere Lernleistung, denn Inhalte, die emotional abgespeichert werden, bleiben länger im Gedächtnis.

Besonders positive Gefühle wie gute Laune, Begeisterung oder Freude tragen wesentlich zu einem guten Schulklima und zur Motivation im Unterricht bei.

Mit unserer Körpersprache geben wir vor allem Informationen über unsere Gefühle und Emotionen und die Beziehung zum Gegenüber.

Eine lebendige und emotionale Stimme erzeugt Aufmerksamkeit, Anteilnahme und Motivation, sie sorgt sogar für eine bessere Lernleistung.

Besonders positive Gefühle wie gute Laune, Begeisterung oder Freude tragen wesentlich zu einem guten Schulklima und zur Motivation im Unterricht bei.

In diesem Zusammenhang möchten wir gerne auf die Hattie-Studie hinweisen, die 2013 veröffentlicht wurde (Hattie 2013). In dieser Studie wurden die Faktoren für erfolgreiches Lernen und Lernbereitschaft untersucht. Sie belegt, dass es vor allem auf das Lehrer-Schüler-Verhältnis ankommt, wenn Lernen erfolgreich verlaufen soll. Da sich über die Körpersprache die Qualität unserer Beziehungen widerspiegelt, sollten wir diesem Aspekt besonders viel Aufmerksamkeit schenken.

Die positive emotionale Beziehung zwischen Lehrern und Schülern ist eine Voraussetzung für kognitives Lernen und Lernbereitschaft.

Hinweis: Die Beziehung zu Ihren Schülern ist nichts Statisches, sie wandelt sich mit der Zeit und kann auch von bestimmten Phasen des Unterrichts oder des Schuljahrs beeinflusst werden. Eine Beziehung ist nichts nur einmal Erworbenes (ebenso wie Respekt oder Autorität), sondern wird stets von Neuem erworben, bestätigt oder eben auch negativ beeinflusst.

2.7 Der erste Eindruck

Was geschieht in den ersten Sekunden einer Begegnung?

Wenn Sie einem Menschen das erste Mal begegnen, fällt Ihr Unterbewusstsein in wenigen Sekunden die Entscheidung, ob Ihnen eine Person sympathisch ist oder nicht. Studien an der Princeton University (Willis u. Todorow 2006) zufolge brauchen wir nur 100 Millisekunden, um eine Person einzuschätzen. Um diese Einschätzung zu erhalten, scannen unsere schnellen sensorischen Fähigkeiten blitzschnell Körpersprache, Geruch und Stimmlage. Zugleich greifen wir auf bisherige Erfahrungen zurück und gleichen diese miteinander ab. Den *ersten Eindruck* im Nachhinein zu widerrufen ist manchmal möglich, jedoch nicht ganz einfach, und der Widerruf nimmt wesentlich mehr Zeit in Anspruch. Deshalb ist es auch für Lehrer wichtig, *dem ersten Eindruck* eine besondere Aufmerksamkeit zu schenken und ihn bewusst zu gestalten. Zum Beispiel, wenn Sie eine neue Klasse übernehmen oder bei einem Elterngespräch, wenn Sie die Eltern noch nicht kennen.

Auf der anderen Seite sollten wir bedenken, dass auch wir dazu neigen, sehr schnell über Menschen zu urteilen. Unwillkürlich machen wir uns ein Bild von unserem Gegenüber, das nicht unbedingt stimmen muss. Wichtig sind daher ein bewusster Umgang mit dem eigenen Körperausdruck und eine gewissenhafte Überprüfung von Körpersignalen anderer, um Fehlinterpretationen zu vermeiden.

3 Körpersignale überprüfen

3.1 Wahrnehmungsschärfung und Überprüfung

Wir senden ständig körpersprachliche Signale aus, die wir vielleicht an uns selbst noch gar nicht bemerkt haben und deren Wirkung wir möglicherweise überhaupt nicht beabsichtigen. Auch haben wir manchmal ungünstige Gewohnheiten, die uns so vertraut sind, dass wir sie selbst nicht bemerken. Oder wir nehmen unbewusst Haltungen ein, die in bestimmten Situationen unpassend oder gar störend sind – wie im Beispiel von Frau Neu, die sich breitbeinig vor ihre Erstklässler stellte. Selbstbeobachtung und Selbstreflexion sind daher bei der Beschäftigung mit Körpersprache unabdingbar.

Es ist notwendig, die Körpersignale anderer sehr sorgfältig zu beobachten und Vermutungen zu überprüfen. Hilfreich ist dabei die Trennung von wahrgenommenen körpersprachlichen Signalen und deren Interpretation. Nehmen Sie Ihr Gegenüber wahr, beobachten Sie genau und versuchen Sie zunächst, konkret zu beschreiben, was Sie beobachten – ohne jede Wertung oder Deutung. Erst wenn Sie die einzelnen Beobachtungen beschrieben und in den jeweiligen Kontext gestellt haben, folgt eine Interpretation als Vermutung, die Sie weiter auf Richtigkeit überprüfen können.

Ein Beispiel: Der Schüler Klaus sitzt mit verschränkten Armen im Unterricht. Er wirkt auf den ersten Blick ablehnend und distanziert.

Dieser Schüler kann dennoch interessiert und Ihnen positiv zugewandt sein. Vielleicht ist es einfach bequem für ihn, so zu sitzen, oder der Raum ist zu kalt oder er ist unsicher. Es gibt viele Möglichkeiten der Interpretation, auch wenn diese Haltung für viele auf den ersten Blick ablehnend wirkt.

Ein völlig gelangweilter Blick bei pubertierenden Schülern kann zum Beispiel ein Kennzeichen für das innere Gefühlschaos sein und muss nichts mit Ihnen oder dem Unterricht zu tun haben.

Wenn der Schüler Klaus aus dem Beispiel jedoch sonst viel offener im Unterricht sitzt, seine Mundwinkel aber jetzt herabgezogen sind, der Blick gesenkt und die Atmung eher flach und schnell ist, kann man vermuten, dass für ihn irgendetwas nicht stimmt und er dies in einer ablehnenden Haltung zum Ausdruck bringt. Man kann diesen Hinweisen weiter folgen oder den Schüler auch direkt darauf ansprechen, wenn es sinnvoll erscheint.

3.2 Worauf Sie bei der Überprüfung von Körpersignalen besonders achten sollten

3.2.1 Kein körpersprachliches Signal steht für sich allein!

Ein einzelnes Körpersignal hat noch keine eindeutige Aussagekraft, sondern ist von mehreren Faktoren abhängig. Erst die Kombination aus Gesichtsausdruck, Gestik und Körperhaltung ergibt ein Gesamtbild. Betrachten Sie körpersprachliche Signale nie isoliert.

Folgendes Beispiel soll das veranschaulichen: Ein Schüler fasst sich unvermittelt mit der Hand an die Nase (diese Geste wird in Körpersprachebüchern oft als Geste des Verbergens und Lügens bezeichnet). Es ist wichtig zu betonen, dass diese Deutung nicht stimmen muss. Es *könnte* ein Zeichen dafür sein, dass der Schüler lügt, *muss es aber nicht*, vielleicht juckt ihm einfach nur die Nase. Erst wenn gleichbedeutende körpersprachliche Signale in die gleiche Richtung gehen, wird es zu einem Indiz, dem man weiter folgen sollte.

3.2.2 Kontext einbeziehen

Versuchen Sie, die ganze Situation und Person zu betrachten. Wenn beispielsweise ein Schüler, wenn er angesprochen wird, auffällige Stresssymptome – wie z. B: Rotwerden, Zittern oder Selbstberührungen – zeigt, kann dies die unterschiedlichsten Gründe haben. Vielleicht hat er schlechte Erfahrungen gemacht, sich im Unterricht zu äußern. Vielleicht steht er gerade unter besonderem Erfolgsdruck. Oder es ist ihm peinlich, im Mittelpunkt zu stehen, weil er in seine Banknachbarin verliebt ist … Je mehr Sie über die Situation wissen und je besser Sie die Person kennen und Abweichungen vom Normalverhalten erkennen, desto mehr relevante Informationen stehen Ihnen zur Verfügung.

3.2.3 Mögliche Wahrnehmungsfehler beachten: der sogenannte »Halo-Effekt«

Der von dem amerikanischen Verhaltensforscher Edward Lee Thorndike u. a. (1920) untersuchte »Halo-Effekt« beschreibt einen Wahrnehmungsfehler, bei dem einzelne Merkmale einer Person (z. B. Attraktivität oder Aussehen) die weitere Wahrnehmung und Einschätzung der

Person »überstrahlen« und dadurch den Gesamteindruck unverhältnismäßig beeinflussen.

Beispiele: Schüler mit Brille sind intelligent, gut aussehende und höfliche Schüler sind leistungsfähiger, Dicke sind gutmütig, schlecht gekleidete Schüler weniger intelligent …

Ein Beispiel für einen klassischen »Halo-Effekt«: Eine Lehrerin beurteilt die Leistungen eines gut aussehenden und freundlichen Schülers höher, als sie es objektiv im Vergleich mit anderen sind.

Die Deutung von Körpersignalen sollten Sie stets sorgfältig überprüfen!

Ein einzelnes Körpersignal hat noch keine eindeutige Aussagekraft, sondern ist von mehreren Faktoren abhängig und immer im Gesamtzusammenhang zu betrachten!

Beachten Sie auch mögliche Wahrnehmungsfehler (»Halo-Effekt«)!

3.3 Checkliste: Missverständnisse vermeiden

In folgender Checkliste ist beschrieben, worauf Sie bei der Wahrnehmung und Beobachtung von Körpersignalen besonders achten können (Navarro 2011):

1. Check des Normalzustands

Bei der Ermittlung eines Normalzustands gilt: Je aufmerksamer man jemanden beobachtet und je vertrauter man sich ist, desto schneller kann man Abweichungen erkennen. Abweichungen vom Normalverhalten sind Hinweise, denen man in der weiteren Beobachtung folgen sollte.

2. Kontextbezogen beobachten

Der jeweilige Kontext spielt natürlich für die Interpretation eine entscheidende Rolle. In manchen Situationen ist z. B. die Hand auf der Schulter ein Übergriff, in anderen dagegen eine trostspendende Geste. Verschränkte Arme können ein Zeichen von Lässigkeit und Wohlfühlen oder von Schutz oder eine Barriere sein.

3. Universelle nonverbale Verhaltensweisen

Es gibt universelle, nonverbale Verhaltensweisen, die immer ähnlich und unbewusst erfolgen: z. B. Stirnrunzeln, Lippenschürzen, An-den-Hals-Fassen. Diese lassen sich oft bestimmten Interpretationskategorien zuordnen – z. B. Konzentration, Beruhigung, Verlegenheit etc.

4. Individuell ausgeprägte Wenn-dann-Verhaltensweisen

Dies sind Verhaltensmuster, die nach dem Schema »immer wenn … dann …« ablaufen und in Folge auftreten. Wenn ein Schüler beispielsweise, kurz bevor er den Unterricht stört, immer kichert oder etwas länger als sonst zum Lehrer schaut, wissen wir, was folgt.

5. Multiple nonverbale Zeichen in Kombination

Damit ist zum Beispiel eine Kombination von Beruhigungsgesten gemeint, wie sie bei einem Stressverhalten auftreten können, z. B. erblassen, erstarren und die Hand an den Hals oder über den Arm streichen. Gehen mehrere unterschiedliche Signale in die gleiche Richtung, dann weisen sie in eine bestimmte Richtung der Interpretation: z. B. Unsicherheit, Stress, Unbehagen, Ärger etc.

6. Plötzliche Veränderungen oder Bewegungen

Eine plötzliche Veränderung oder Bewegung ist immer ein Hinweis auf eine innere Bewegung. Es ist jedoch noch unklar, um welche innere Bewegung es sich handelt. Es ist ein Signal, dem man durch weitere Beobachtungen nachgehen sollte.

7. Vorgetäuschte nonverbale Körpersignale
Es gibt natürlich auch vorgetäuschte Körpersignale, diese wirken oft aufgesetzt (z. B. künstliches Lächeln). Manchmal wirkt die Täuschung sehr echt, dann sollte man dem Bauchgefühl vertrauen oder ggf. nachfragen.

8. Unterscheidung von Behagen und Unbehagen
Es ist von Vorteil, wenn man Behagen und Unbehagen voneinander unterscheiden kann. Wenn Schüler sich wohlfühlen, senden sie entsprechende Körpersignale aus – entspannter Muskeltonus, echtes Lächeln, ruhige tiefe Atmung, geführte Bewegungen. Bei einem Unbehagen ist die Atmung eher flach und schnell, die Muskeln verspannt, die Bewegungen erstarrt und kontrolliert oder fahrig hektisch.

4 Wirkfaktor Status

4.1 Einleitung zum Thema Status

Woran denken Sie, wenn Sie das Wort »Status« hören?

Vielleicht fallen Ihnen Statussymbole wie teure Autos, Villen oder Markenkleidung ein. Eventuell denken Sie aber auch an Persönlichkeiten und Menschen in bestimmten Positionen. Es gibt Statussymbole und den gesellschaftlichen/sozialen Status. Dieser Status ist durch Position und Rolle definiert. Wir unterscheiden hier im Folgenden zwischen Menschen im »Hochstatus« und »Tiefstatus«. Damit ist ein Rollenverhältnis, Abhängigkeitsverhältnis gemeint, das mit einem bestimmten Machtgefälle verbunden ist.

Hochstatus	Tiefstatus
Lehrer	Schüler
Arzt	Patient
Chef	Angestellter

Neben diesem gesellschaftlichen bzw. sozialen Status gibt es einen »inneren Status«. Dieser innere Status ist durch unsere innere Haltung zu uns selbst und den anderen gegenüber geprägt. Innerer Status und gesellschaftlicher/sozialer Status können unterschiedlich sein.

Ein Mensch im gesellschaftlichen Hochstatus kann sich in einem inneren Tiefstatus befinden, weil er sich für die Aufgabe nicht kompetent oder innerlich unsicher fühlt. Auch das Umgekehrte ist möglich: Jemand, der gesellschaftlich eine Rolle des »Tiefstatus« zugeschrieben bekommt, kann einen inneren Hochstatus haben, da er ein sehr gutes Selbstbewusstsein hat.

Heutzutage werden Lehrer von ihren Schülern häufig nicht mehr aufgrund ihres gesellschaftlichen Hochstatus akzeptiert und respektiert. Lehrer müssen sich diesen Respekt erwerben.

Wir verwenden in diesem Buch den Begriff »Status« im folgenden Sinn:

Äußerer Status:
Mit äußerem Status sind die Körpersignale gemeint, die wir nach außen senden.

Innerer Status:
Mit innerem Status ist die innere Skala unseres Selbstwertgefühls gemeint.

Mit dem Status, den wir einnehmen, vermitteln wir verbal und körpersprachlich unsere innere Einstellung und Haltung nach außen. Je nachdem, wie Sie Ihren Status positionieren, werden Sie zum Beispiel eher respektiert oder nicht ernst genommen bzw. abgelehnt oder gemocht.

Die folgenden aufgeführten Körpersignale, die auf unser Gegenüber eher souverän oder eher unsicher wirken, werden im Theaterbereich mit »Hochstatus« (selbstsicher/kraftvoll) und »Tiefstatus« (unsicher/weich) bezeichnet.

Zu beachten ist, dass mit diesen Begriffen keine Wertigkeit (Hochstatus = gut, Tiefstatus = schlecht) verbunden ist. Es kommt auf den Kontext an, dazu erfahren Sie mehr im Kapitel »Status bewusst gestalten«. Außerdem soll an dieser Stelle darauf hingewiesen werden, dass es sich hier um ein »Statusmodell« (Hochstatus/Tiefstatus) handelt, das den komplexen Vorgang zwischenmenschlicher Beziehungen und Kommunikation auf nonverbaler Ebene vereinfacht darstellt.

Die Begrifflichkeiten »Hochstatus« und »Tiefstatus« sind durch Keith Johnstone, den Mitbegründer des modernen Improvisationstheaters, geprägt.

Angeregt von den Thesen des britischen Verhaltensforschers Desmond Morris entwickelte Keith Johnstone (2002) die Theorie, dass Kontakte unter Menschen von »Dominanz und Unterwerfung« (Über- und Unterordnung/Status) geprägt sind.

Demnach wird bei jeder Begegnung der jeweilige Status vermittelt. Keith Johnstone entwickelte daraus für die Schauspieler das Spiel mit dem Hoch- und Tiefstatus, um Dialoge echt und dramaturgisch interessant zu gestalten. Er hat aus seinen Beobachtungen des Alltagslebens eine Technik für die Bühne entwickelt.

Nun können wir von dieser Schauspieltechnik profitieren, um unterschiedliche zwischenmenschliche Begegnungen wirksamer zu gestalten.

4.2 Statusmerkmale

4.2.1 Körpersignale des Hochstatus

Folgende Körpersignale wirken auf unser Gegenüber eher selbstsicher/kraftvoll:

Kopfhaltung

- gerade, still

Blick

- klarer und direkter Blickkontakt
- Blickkontakt aufnehmen und halten

Gestik

- bewusst gestaltete Bewegungen
- klare eindeutige Handgesten
- langsame Bewegungen

Körperhaltung und Bewegung

- aufrechtes Gehen
- gute Körperspannung
- fester Stand/Bodenkontakt
- viel Raum einnehmen (z. B. sich zurücklehnen und breit machen)
- langsame und überlegte Bewegungen
- zielgerichtetes Gehen (gehen, wohin man will, und erwarten, dass andere aus dem Weg gehen)

Verhalten im Raum

- sich dem Raum gegenüber vertraut fühlen, sich wie zu Hause benehmen

Stimme und Reden

- ruhige und gleichmäßige Atmung
- eher tiefe Stimmlage
- kraftvolle Stimme (Anmerkung: Eine kraftvolle Stimme geht oft einher mit guter Körperspannung, festem Bodenkontakt, das Kinn ist nicht nach vorne geschoben, der Mund ist beim Sprechen weit geöffnet.)
- sich Zeit zum Reden nehmen

Lachen

- laut, offen, frei

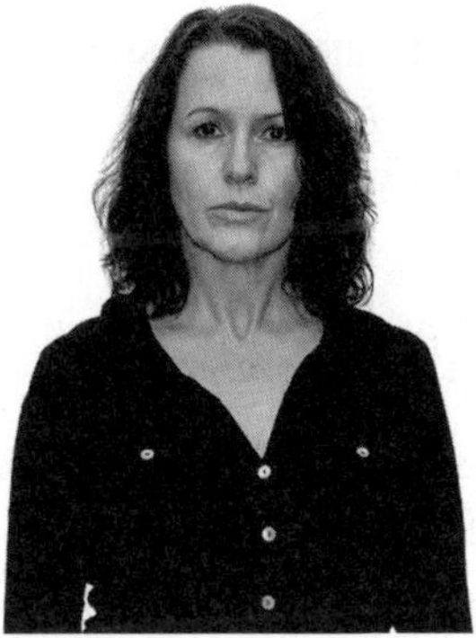

Abb. 8: Eine Ausdrucksform des Hochstatus

4.2.2 Körpersignale des Tiefstatus

Folgende Körpersignale wirken auf unser Gegenüber eher unsicher und weich:

Kopf

- seitlich geneigt (meist mit Lächeln verbunden)
- Hin- und Herwackeln des Kopfes

Blick

- Vermeidung von Blickkontakt

Gestik

- häufige Selbstberührungen an Gesicht oder Kopf (z. B. mit den Händen ständig durchs Haar gehen)
- Herumzupfen/Herumspielen an der Kleidung, am Schmuck, mit Stiften oder anderen Gegenständen

Körperhaltung und Bewegung

- gebeugtes Gehen
- gesenkter Blick
- viele kleine, hektische Bewegungen
- kein fester Stand (z. B. eine Fußsohle gekippt und das Gewicht auf der Außenkante oder Füße während des Sprechens nach innen gedreht)
- sich klein machen, wenig Raum beanspruchen

Verhalten im Raum

- sich dem Raum gegenüber als ein Fremder fühlen und/oder wie ein Eindringling

Stimme und Sprache

- kraftlose Stimme (Anm.: Eine kraftlose Stimme geht oft einher mit wenig Körperspannung, wenig Bodenkontakt mit den Füßen, nach vorne geschobenem Kinn und beim Sprechen wenig geöffnetem Mund.)
- eher hohe Stimmlage
- Stammeln, Stocken

Lachen

- nervöses Kichern, verlegenes Lachen

Abb. 9: Eine Ausdrucksform des Tiefstatus

Übung zur Statuswahrnehmung:
Beobachten Sie Menschen auf ihren Status hin und notieren Sie, an welchen körperlichen Signalen der jeweilige Status deutlich wird.

4.3 Statusvarianten und ihre Auswirkungen

Mit dem Status, den wir einnehmen, vermitteln wir verbal und körpersprachlich unsere innere Einstellung und Haltung nach außen. Je nachdem, wie wir unseren Status positionieren, werden wir zum Beispiel eher respektiert, abgelehnt oder gemocht.

Wie schon erwähnt verwenden wir in diesem Buch den Begriff »Status« im folgenden Sinn:

Äußerer Status:
Mit äußerem Status sind die Körpersignale gemeint, die wir nach außen senden.

Innerer Status:
Mit innerem Status ist die innere Skala unseres Selbstwertgefühls gemeint.

Wie wirken sich die unterschiedlichen Statusvarianten aus?

Im Folgenden werden verschiedene Statusvarianten modellhaft beschrieben.

4.3.1 Innerer Hochstatus und äußerer Hochstatus

Die Person fühlt sich sehr stark. In der Regel stellt sie ihr Handeln nicht infrage und sendet häufig Du-Botschaften. Menschen mit einem »doppelten Hochstatus«

lassen keine Zweifel daran aufkommen, wer das Sagen hat. Ihnen wird zumeist Respekt und Autorität entgegengebracht. Gemocht werden diese Menschen häufig aber nicht: Sie wirken nicht sympathisch. Die starre Fixierung auf ihre Autorität lässt wenig Raum für Flexibilität und Diplomatie.

4.3.2 Innerer Tiefstatus und äußerer Hochstatus

Diese Variante birgt aufgrund ihrer Inkongruenz Konfliktpotenzial. Menschen mit einem inneren Tief- und einem äußeren Hochstatus wollen zum Beispiel Autorität, Kompetenz und Durchsetzungsfähigkeit vermitteln. Dazu senden sie entsprechende Hochstatussignale. Gleichzeitig sind sie im tiefsten Inneren zumeist unsicher. Innen tief und außen hoch – so agieren oft Menschen, die häufig nicht über genügend Kompetenz verfügen, die sich eher machtlos oder schwach fühlen und doch unter allen Umständen den Schein wahren möchten.

4.3.3 Innerer Tiefstatus und äußerer Tiefstatus

Menschen im doppelten Tiefstatus erleben wir sehr häufig als sympathisch. Sie sind eher hilfsbereit und werden als angenehm empfunden. Auf der anderen Seite können sie aber auch unterwürfig wirken. Der Tiefstatus entsteht sehr oft aus Respekt vor anderen Menschen heraus. Es gibt einen tiefen inneren Wunsch, gemocht und geliebt zu werden. Dadurch werden die eigenen Bedürfnisse hinten angestellt. Diese Statuskombination führt meist dazu, nicht ernst genommen oder gar respektiert zu werden.

4.3.4 Innerer Hochstatus und äußerer Tiefstatus

Diese Person hat ein gutes Selbstbewusstsein und kann andere Menschen auch bei Meinungsverschiedenheiten stehen lassen. Sie nimmt wenig persönlich und muss nicht auf ihrem Recht bestehen. Sie kann sehr gut anderen Menschen Raum geben und ihnen helfen, sich zu entfalten. Sie selbst stellt jedoch ihr Licht eher unter den Scheffel und zeigt häufig die eigenen Kompetenzen und Fähigkeiten nicht. Es fällt ihr eher schwer, autoritär aufzutreten.

4.3.5 Innerer Hochstatus und äußerer Hoch-/ Tiefstatus je nach Situation und Zielen.

Diese Variante bezeichnen wir als Flexibilitätsstatus.

Im Flexibilitätsstatus ist die Person sich ihres Wertes bewusst und hat klare Vorstellungen. Sie verfolgt ihre Ziele nicht blindlings, sondern umsichtig, geschickt, klug und diplomatisch. In unterschiedlichen Situationen kann sie im äußeren Status flexibel (Hoch-/Tiefstatus) agieren – je nachdem, was für die Situation förderlich ist. Sie besitzt eine hohe professionelle kommunikative Fähigkeit und kann gut mit unterschiedlichen Charakteren und Situationen umgehen. Das bewusste Spiel mit dem Statuswechsel wirkt charismatisch. Die Person wird respektiert und ist beliebt!

Als Lehrer begegnen Sie vielen verschiedenen Menschen in unterschiedlichen Kontexten und kommunizieren mit ihnen. Daher kann der Flexibilitätsstatus für Sie von großem Vorteil sein. Sie ersparen sich auf Dauer viel Stress und haben mehr Energie für Ihren Alltag.

Wenn Sie zum Beispiel bei einer Grenzüberschreitung einem Schüler ein klares »Stopp« signalisieren wollen, setzen Sie die äußeren Merkmale des Hochstatus ein, z. B. eine sehr aufrechte Körperhaltung, direkter Blickkontakt, feste Stimme, kurze und prägnante Sätze sowie klare, ruhige und zielgerichtete Gesten. Diese souveränen Hochstatussignale helfen Ihnen, Ihr Ziel zu erreichen.

Die Merkmale des äußeren Hochstatus wären hingegen bei einem Gespräch unvorteilhaft, bei dem der Schüler sich öffnen und etwas von sich preisgeben soll. Hier sind Signale des Tiefstatus von Vorteil, z. B. eine Körperhaltung mit mittlerer Körperspannung, weiche Gesten, eine weiche und ruhige Stimme.

Flexibilitätsstatus

Der Flexibilitätsstatus beinhaltet einen inneren Hochstatus und einen flexiblen äußeren Status (Hoch-/Tiefstatus).

Der Flexibilitätsstatus erweitert unseren Handlungsspielraum.

4.4 Status bewusst gestalten

Jede Begegnung ist zugleich auch eine Statusbegegnung. Kommunikationswissenschaftler Paul Watzlawick hat den berühmten Satz geprägt: »Man kann nicht nicht kommunizieren.« Und ebenso wenig ist es auch nicht möglich, keine Statussignale zu senden und keinen Status einzunehmen. Wir haben einen Status, ob wir wollen oder nicht.

Ein Mensch ist entweder im Hoch- oder Tiefstatus. Darüber wird verhandelt, gerungen oder gespielt. Dieses Spiel um den Status begleitet uns bei jeder sozialen Begegnung.

Wir nehmen in Begegnungen mit bestimmten Menschen sowie in bestimmten Situationen oft unbewusst einen bestimmten Status ein. Daher ist eine Statusreflexion sehr hilfreich, um sich Folgendes bewusst zu machen: Habe ich einen bevorzugten Status? In welcher Situation? In welchen Momenten rutsche ich in einen ungewollten Status?

Heben wir dieses »Statusspiel« auf eine bewusste Ebene, d. h., werden wir uns klar darüber, wo wir uns statusmäßig befinden bzw. wo wir sein möchten, können wir unsere Handlungsspielräume erweitern und zu einem flexiblen Statusspieler werden.

Der Status gestaltet unsere Wirkung. Über ihn können wir selbst bestimmen, wie wir wahrgenommen werden möchten. Wir kommunizieren unseren Status über unsere innere Haltung, den Körper, die Stimmlage, Wortwahl, Bewegungen, Mimik und Gesten. Wenn wir uns das bewusst vor Augen führen, eröffnet sich ein neuer Handlungsspielraum, der es ermöglicht, uns immer mehr unserem gewünschten Status anzunähern. Dazu notwendig ist eine klare innere Haltung: Welches Ziel möchte ich erreichen? Möchte ich mir z. B. mehr Respekt und Durchsetzungskraft verschaffen, also meinen Status heben? Oder möchte ich in der jeweiligen Situation mehr Sympathie bekommen und Verständnis vermitteln.

Um meinen Status bewusst zu ändern, muss mir vorher klar sein, was ich erreichen möchte. Dafür sind Kenntnisse über die Wirkung von Körpersprache, das Prinzip der Statuswippe und der Einsatz von inneren Leitsätzen hilfreich.

4.4.1 Statuswippe

Keith Johnstone (2002) vergleicht das Statusspiel mit einer Wippe: Einerseits ist immer jemand oben oder unten, andererseits ist der stete, oft auch nur minimale Wechsel notwendig, um die Dynamik aufrechtzuerhalten. Um den anderen »nach oben« zu bringen bzw. zu erhöhen, können wir mehr oder weniger heruntergehen, also uns selbst in einen tieferen oder ausgewogenen Status versetzen. Umgekehrt können wir eine höhere Position einnehmen und unser Gegenüber in einen mehr oder weniger tieferen Status bringen.

Ein Flexibilitätsstatus hat einen inneren Hochstatus und gleichzeitig einen äußeren Status, der sich je nach Situation (zwischen hoch und tief) flexibel und der Situation angemessen verändern kann.

In vielen schulischen Situationen bietet es sich an, insbesondere auch im Klassenzimmer, nicht um den Status zu kämpfen, sondern die Statuswippe einzusetzen. Wenn Lehrer ihren Schülern immer nur im Hochstatus begegnen, kann das Angst auslösen, die zu Lernblockaden führen kann. Sogar ein innerer Widerstand gegen den Lehrer oder das Unterrichtsfach ist möglich. Keiner ist auf Dauer gerne in einem Tiefstatus, auch Schüler nicht.

Folgende Impulsanregungen sind hilfreich: wertschätzender Humor, Lob und Anerkennung, das Ernstnehmen von Schüleranliegen, Dialog auf Augenhöhe, Gefühle zeigen, mit den Schülern auch etwas Außerschulisches unternehmen, Auflockerung des Unterrichts durch gezielte Übungen und Aktionen etc.

Ein Lehrer, der variieren kann, also den Flexibilitätsstatus innehat, beherrscht die Statuswippe gut und wird von den Schülern, Eltern und Kollegen eher respektiert, wertgeschätzt und als sympathisch erlebt. Er erlangt leichter eine natürliche Autorität gegenüber den Schülern.

4.4.2 Übung: Statusreflexion

Wir können unser Verhalten in unterschiedlichen Situationen beobachten und uns fragen:

- Wann verhalte ich mich – wem gegenüber – in einem Hochstatus beziehungsweise Tiefstatus?
- Was möchte ich erreichen? Was ist das Ziel (z. B. dass sich mein Gegenüber verstanden fühlt, dass Ordnung und Disziplin im Unterricht herrschen etc.)?
- Wie möchte ich wirken (z. B. willensstark, durchsetzungsfähig, sympathisch, emphatisch, respektvoll, autoritär, zugänglich etc.)?
- Mit welchem äußeren Status erreiche ich in einer bestimmten Situation am meisten?

4.5 Raus aus einem ungewollten Status!

Was können wir tun, um einen schnellen Statuswechsel herbeizuführen, sobald wir in einen ungewünschten

Status rutschen oder unseren Status aus einem anderen Grund verändern möchten?

Es gibt zwei Wege!

- Der eine Weg geht über den Körper. Unsere Körperhaltung beeinflusst, wie wir über uns denken und wie wir uns fühlen. Der körperliche Ausdruck kann unser Bewusstsein und unseren Gemütszustand verändern.
- Der zweite Weg geht über die innere Haltung und unsere Gedanken. Die innere Haltung und die Gedanken wirken sich auf unseren Körperausdruck, unsere Köpersignale und unseren Auftritt aus und werden so für unser Gegenüber sichtbar.

Im Grunde steht alles in einer Wechselwirkung zueinander: Die innere Haltung und unsere Gedanken wirken sich auf unsere Gefühle und unseren Körperausdruck aus. Umgekehrt wirkt sich die Körperhaltung ebenso auf unsere Gefühle und Gedanken aus.

4.5.1 Innere Leitsätze für einen schnellen Statuswechsel

Mit einem Leitsatz können wir einen schnellen Statuswechsel herbeiführen.

Was ist ein innerer Leitsatz? Dies ist ein kurzer und prägnanter innerer Satz, der das automatisch ablaufende Gefühls- und Gedankenprogramm unterbricht und Platz schafft für das neue Handlungskonzept. Damit ist es möglich, einen schnellen Statuswechsel herbeizuführen, sobald wir in einen ungewünschten Status rutschen oder unseren Status aus einem anderen Grund verändern möchten. Auf diese Weise übernehmen wir wieder die Führung, wir agieren, statt zu reagieren.

Der innere Leitsatz macht bewusst, dass wir etwas anderes tun müssen als das, was wir bisher in solchen Situationen getan haben. Der innere Leitsatz kann uns schnell in einen anderen Status katapultieren.

Der innere Leitsatz ist eine Privatsache! Er wird im Stillen, also innerlich gesprochen bzw. gedacht. Auf keinen Fall wird er laut gesagt. Er ist ein Geheimkommando an uns selbst.

Mit den inneren Leitsätzen verändern wir unser Auftreten von innen heraus, sodass es nicht aufgesetzt wirkt.

Unser Auftreten gewinnt noch mehr an Aussagekraft, wenn wir darauf achten, gleichzeitig auch die entsprechenden körpersprachlichen Statussignale zu senden, die unsere Absicht bekräftigen.

Innerer Leitsatz für einen Statuswechsel von tief nach hoch

Beim Wechsel vom tiefen in den hohen Status stellt man sich und seine Interessen in den Mittelpunkt.

Beispiele für innere Leitsätze von tief nach hoch:

- »Moment!«
- »Jetzt bin ich dran!«
- »Ich hab‘ einen Wert!«
- »Ich bin gut!«

Wichtige Hinweise: Keine Weichmacher benutzen, also nicht »Eigentlich bin ich jetzt dran …«, sondern »Jetzt bin ich dran!«. Passen Sie Ihre Körpersprache und Stimme bewusst an den Satz an.

Innerer Leitsatz für Statuswechsel von hoch nach tief

Beim Wechsel vom hohen in den tiefen Status wird der andere in den Mittelpunkt gestellt.

Beispiele für innere Leitsätze von hoch nach tief:

- »Bitte mag mich …«
- »Tut mir leid.«
- »Ich höre dir zu.«
- »Du bist jetzt wichtig.«

Wichtiger Hinweis: Körpersprache und Stimme werden bewusst an den Satz angepasst.

Hinweis: Innerer Leitsatz

In einem ersten Schritt ist es wichtig, einen für sich passenden Leitsatz zu finden. Danach sollten Sie ihn verinnerlichen und die entsprechende Körperhaltung einnehmen.

Dies sollten Sie mehrmals üben – so lange, bis Satz und Körperhaltung Ihnen schnell zur Verfügung stehen, um dem ungewünschten Status aktiv entgegenwirken zu können.

1.5.2 Statuswechsel über Körperhaltungen

Unsere nonverbalen Aktionen können beeinflussen, wie wir über uns denken und wie wir uns fühlen. Der Körper kann unser Bewusstsein, unseren Gemütszustand verändern.

Diese Erkenntnis nutzen zum Beispiel auch Schauspieler. Sie nehmen bestimmte Körperhaltungen ein, um in gewünschte Gefühlszustände zu kommen.

Auch Sie können diesen Effekt für sich und Ihre Arbeit zunutze machen: Wenn Sie zum Beispiel merken, dass Sie in einen ungewünschten Tiefstatus rutschen, können Sie das Gegenteil bewirken, indem Sie mit Ihrem Körper in einen Hochstatus gehen. Dies wirkt sich auf Ihren inneren Gemütszustand, Ihre Gedanken und innere Haltung aus.

Probieren Sie dies anhand der folgenden Übungen einmal aus.

Übung: Hochstatus (»selbstsichere/kraftvolle Haltung«)

Stellen Sie sich mit aufrechtem Oberkörper hin. Die Arme sind parallel neben dem Oberkörper, die Beine stellen Sie hüftbreit auseinander. Beide Füße stehen mit der ganzen Sohle fest auf dem Boden. Ihr Kopf ist aufgerichtet, Ihr Blick geht nach vorne. Jetzt stehen Sie in einer aufrechten Körperhaltung. Noch ganz wichtig: Atmen! Atmen Sie ganz ruhig ein und aus. Konzentrieren Sie sich auf Ihren festen und aufrechten Stand sowie Ihre Atmung. Nach einer gewissen Zeit können Sie sich in dieser Haltung langsam durch den Raum bzw. die Wohnung bewegen. Beobachten Sie, welche Wirkung und Gefühle dies bei Ihnen auslöst. Lassen Sie sich dafür mindestens zwei Minuten Zeit.

Übung: Tiefstatus (»unsichere/weiche Haltung«)

Sie können die gleiche Übung mit dem Tiefstatus ausprobieren. Stellen Sie sich mit wenig Körperspannung hin, mit den Händen streichen Sie durch Ihr Haar. Alternativ können Sie auch mit einem Kleidungs- oder Schmuckstück herumspielen. Die Füße sind nach innen gedreht, ein Fuß ist dabei auf die Außenkante gekippt. Ihr Kopf ist leicht seitlich geneigt, der Blick ist auf den Boden gerichtet. Sie atmen schnell oder oberflächlich. Nach einer gewissen Zeit können Sie sich in dieser Haltung durch den Raum bewegen. Halten Sie dabei den Blick auf den Boden gerichtet. Beobachten Sie, welche Wirkung und Gefühle dies bei Ihnen auslöst. Lassen Sie sich dafür mindestens zwei Minuten Zeit.

Anregung: Nehmen Sie zuerst die oben beschriebenen, durchaus übertrieben wirkenden Posen ein. Dies wird Ihnen helfen, die Auswirkungen zu spüren. Später und auch im Alltag können Sie nur Elemente der Übungen aufgreifen, zum Beispiel die aufrechte Körperhaltung oder ein nach vorne gerichteter Blick. Schon mit diesen kleinen körperlichen Statusveränderungen werden Sie dann viel verändern, ohne dass Sie unnatürlich wirken.

Impuls: Spielen Sie ruhig auch mal mit dem Hoch- und Tiefstatus. Nehmen Sie bewusst einen Status ein, z. B. im vollen Bus, an der Kasse im Supermarkt oder in der Fußgängerzone.
Beobachten Sie, welche unterschiedlichen und vielleicht ungewohnten Reaktionen Sie bei anderen auslösen und welche körperlichen Signale in welcher Situation besonders erfolgreich sind.

4.5.3 Power Posing – Selbstbewusste Körpersprache

Amy Cuddy (eine amerikanische Sozialpsychologin) hat erforscht, wie unser Körper unser Bewusstsein und unseren Gemütszustand beeinflusst. Ihre These: Allein durch die Körperhaltung können wir uns selbstbewusster fühlen. Cuddy bewies, dass das Einnehmen bestimmter Körperhaltungen die Testosteron- und Cortisolspiegel in unserem Gehirn beeinflussen. Diese Hormonveränderung hat wiederum Auswirkungen auf unsere innere Haltung und den Gemütszustand – und damit auf unsere Außenwirkung und Handlungen. Somit können wir unsere Gefühle und Stress in gewisser Weise steuern. Amy Cuddy (2012) führte dazu folgendes Experiment mit 42 Frauen und Männern durch, die sie in zwei Gruppen aufteilte:

- Die eine Hälfte wurde zwei Minuten lang gebeten, besonders kraftvolle Posen (Hochstatus) einzunehmen. Ein Beispiel: sich auf einen Stuhl setzen, die Füße auf den Tisch legen, dazu die Hände hinter dem Kopf verschränken.
- Die andere Gruppe musste genau entgegengesetzte Posen (Tiefstatus) einnehmen: im Stuhl zusammengesunken sitzen, den Kopf dabei hängen lassen und die Hände in den Schoß legen. Dazu haben die Füße auch noch wenig Bodenkontakt.

Die Forscher nahmen vor und nach der Übung Blutproben von ihren Probanden, um den Testosteron- und Cortisolgehalt zu testen. Testosteron ist unter anderem das Hormon, an das Macht und Dominanz gebunden ist. Cortisol, das sogenannte Stresshormon, kann Bluthochdruck und Blackouts verursachen.

Was denken Sie, wie die Ergebnisse ausgefallen sind?

Bei der Gruppe mit den kraftvollen Posen stieg der Testosteronspiegel um 20 Prozent an, das Cortisol senkte sich um 25 Prozent.

Bei der Gruppe mit den kraftlosen Posen senkte sich der Testosteronspiegel um 10 Prozent, während der Cortisolspiegel um 15 Prozent anstieg.

Bei anschließenden Tests war die »Power-Poser«-Gruppe zudem risikobereiter und fühlte sich selbstsicherer und wohler. Bei einer Präsentation wirkten sie sympathischer und kompetenter als die Teilnehmer der anderen Gruppe.

Zur Vorbereitung auf bestimmte Herausforderungen, wie zum Beispiel Präsentationen, aber auch zur generellen Entwicklung eines inneren Hochstatus kann es daher hilfreich sein, mehrmals täglich ein zweiminütiges Power-Posing durchzuführen. Vergessen Sie nicht, die Power-Posing-Haltung nach der Übung wieder aufzulösen!

Beispiele

- Füße auf den Tisch legen
- Breitbeinig stehen, Hände in die Hüften, Blick nach oben oder geradeaus
- Hände hinter dem Kopf verschränken

- Arme nach oben reißen zum Victory-Zeichen
- »John-Wayne-Pose«

Zusammengefasste Aspekte zu Körpersprache und Status:

Unser Status beeinflusst maßgeblich, wie wir uns fühlen, und unser Gefühl beeinflusst maßgeblich unseren Status. Der Status wirkt auf zwei Ebenen – auf uns selbst und auf den anderen.

Wichtige Aspekte in der Statusreflexion sind der innere Status, die innere Einstellung und die innere Haltung zu sich selbst. Oder anders ausgedrückt, das »Über-sich-selbst-Denken«, das »Selbst-wert-Gefühl« und das »Sich-selbst-bewusst-Sein«.

Der Flexibilitätsstatus beinhaltet einen inneren Hochstatus und einen flexiblen äußeren Status (Hoch-/Tiefstatus), dies erweitert unseren Handlungsspielraum.

Mit dem Flexibilitätsstatus, verbunden mit einer wertschätzenden Grundhaltung, erlangt der Lehrer eine natürliche Autorität gegenüber den Schülern.

Hinweis: Im Statusverhalten geht es auch darum, dem Gegenüber eine Brücke zu bauen. Der Konfliktpartner muss für sich eine Möglichkeit finden, aus der Situation herauszukommen, ohne sein Gesicht zu verlieren.

5 Der Lehrer im Spannungsdreieck

Betrachtet man die Rolle des Lehrers im Unterricht, begegnet man vor allem drei wichtigen Bereichen: Kompetenz, Sympathie und Autorität. Man könnte sagen, die Lehrkraft befindet sich in einem Spannungsdreieck zwischen Autorität, Sympathie und Kompetenz.

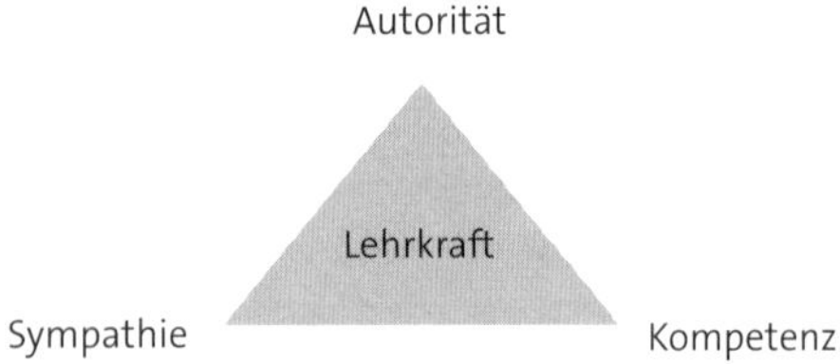

Innerhalb dieser drei Bereiche gibt es natürlich unterschiedliche Ausprägungen: von nicht autoritär bis sehr autoritär, nicht sympathisch bis sehr sympathisch, nicht kompetent bis sehr kompetent.

Liegt einer der Werte in einem Extrembereich nach oben oder nach unten, ist es sinnvoll zu beobachten, welche Auswirkungen damit verbunden sind und in welchem Bereich es günstig wäre, das Verhalten gegebenenfalls zu verändern. Zugegeben, dies ist ein vereinfachtes Modell für eine komplexe Situation. Vielleicht stellen Sie sich die Fragen, was genau Autorität, Sympathie und Kompetenz bedeuten und wie messbar oder nachprüfbar die einzelnen Bereiche in diesem Modell eigentlich sind. Doch wir möchten anmerken, dass diese Veranschaulichung auf keiner wissenschaftlichen Untersuchung beruht, sondern auf Erfahrungen von Lehrern und Lehrerinnen, und der Selbstreflexion dient.

Beispiel: Lehrer Leicht ist sehr sympathisch und sehr kompetent, er besitzt jedoch wenig Autorität. Was bedeutet das für den Unterricht?

Wenn Sympathie und Kompetenz nicht ausreichen, um einen störungsfreien Unterricht zu gewährleisten, sollte Herr Leicht dem Bereich Autorität mehr Beachtung schenken, damit er seine Unterrichtsinhalte auch störungsfrei vermitteln kann. Dies kann über die innere Haltung und über den Einsatz von souveränen Körpersignalen geschehen.

Negative Auswirkungen auf den Unterricht *können* bei Herrn Leicht auftreten, *müssen* es aber nicht zwangsläufig. Vielleicht ist Herr Leicht durch seine Sympathie und Kompetenz bei den Schülern so beliebt, dass die fehlende Autorität bei ihm nicht ins Gewicht fällt, oder er hat einfach eine sehr höfliche Klasse, die zudem am Inhalt interessiert ist. Wenn sich durch das Ungleichgewicht kein Problem für den Unterricht entwickelt, gibt es auch keinen Handlungsbedarf für Herrn Leicht. Im Fall einer fehlenden Kompetenz hingegen werden weder hohe Sympathiewerte noch große Autorität zu einem guten Unterrichtserfolg führen.

6 Präsenz im Klassenzimmer

6.1 Was bedeutet Präsenz im Unterricht?

Unter einer sinnvollen Präsenz im Unterricht verstehen wir nicht nur die Fähigkeit des Lehrers, alles im Blick zu haben, sondern wirklich präsent zu sein und dies auch körpersprachlich auszustrahlen. Die ideale Voraussetzung dafür wäre eine gewinnende, positive, natürliche Autorität und Charisma. Dies ist jedoch ein »Idealzustand«. Aber wir können versuchen, uns dem anzunähern: Präsenz ist ein Schritt in diese Richtung.

Eine gute und klare Präsenz im Unterricht bedeutet nicht nur, anwesend und dabei zu sein, sondern auch am Geschehen beteiligt, aufmerksam und selbstgewiss im jeweiligen Moment zu 100 % da zu sein. Und zudem zu wissen oder zu erspüren, was die Situation gerade erfordert.

Kennen Sie die Geschichte des Zen-Meisters auf die Frage seines Schülers nach dem Geheimnis der Weisheit?
Schüler: »Meister, Ihr seid so weise, das muss sehr schwierig sein, so weise zu werden, wie Ihr es seid, wollt Ihr mir Euer Geheimnis verraten?«

Der Meister nickt und antwortet: »Wenn ich esse, esse ich. Wenn ich trinke, trinke ich. Und wenn ich schlafe, schlafe ich.«

Der Einsatz von nonverbalen Präsenz- und Stoppsignalen hat sich in der Prävention gegen Unterrichtsstörungen als besonders wirksam erwiesen. Die Einbeziehung möglichst vieler Schüler durch eine klare Präsenz und nonverbales Blickverhalten wirkt sich positiv auf die Aktivierung und Kooperationsbereitschaft aus. Prävention durch aktiven Einsatz von Präsenz- und Stoppsignalen erfordert eine hohe Aufmerksamkeit und Beobachtung des gesamten Unterrichtsgeschehens. Die Lehrkraft sollte zudem über die Fähigkeit verfügen, zwischen der Konzentration auf einzelne Schüler und der gesamten Klasse (bzw. einzelnen Störern) hin und her wechseln zu können.

Ein Beispiel: Frau Zorn erklärt einer Tischgruppe den nächsten Schritt einer Arbeitsaufgabe. Sie ist mit ihrer Aufmerksamkeit voll auf das Thema und die Tischgruppe fokussiert, sodass sie nicht bemerkt, dass in der Zwischenzeit im hinteren Bereich zwei rivalisierende Schüler einen Streit wegen eines Radiergummis ausfechten. Dieser fliegt schließlich quer durch das Klassenzimmer und wird von einem Mitglied der benachbarten Tischgruppe, bei der Frau Zorn steht, aufgehoben. Dieser Schüler möchte wissen, woher der Radiergummi kommt, und ihn zurückbringen. Frau Zorn, durch die Unruhe abgelenkt, ermahnt diesen Schüler zur Ordnung. Die eigentlichen Störer werden jedoch nicht ertappt. Der zur Ordnung gerufene Schüler versucht, sich zu verteidigen. Er wird von Frau Zorn allerdings entschieden zur Weiterarbeit aufgefordert. Bei nächster Gelegenheit wirft er den Radiergummi voller Wut auf die eigentlichen Störer, die er verfehlt und zieht dadurch eine weitere Tischgruppe mit ins Geschehen. Die Unruhe in der Klasse breitet sich immer mehr aus. Frau Zorn bricht die Gruppenarbeit ab und verordnet der gesamten Klasse eine Zusatzaufgabe. Die ganze Klasse ist aufgebracht und protestiert lautstark. Angespannt droht Frau Zorn mit weiteren Konsequenzen und verlässt am Ende der Stunde verärgert das Klassenzimmer.

Dieses Beispiel zeigt, wie wichtig es ist, Präsenz zu zeigen und zwischen dem Fokus auf einzelne und einem Überblick über die ganze Klasse hin und her wechseln zu können. Hätte Frau Zorn die Verursacher im Blick gehabt, hätte wohl ein warnender Blick oder eine Handbewegung ausgereicht, um die Störung im Keim zu ersticken und die Ausbreitung früh zu verhindern.

Präsenz im Klassenzimmer erfordert eine besondere Aufmerksamkeit. Doch Präsenz lässt sich trainieren. Die ist ein Einsatz, der sich lohnt, denn meist ist es besser, vorbeugend – am besten nonverbal – zu handeln, als reaktiv handeln zu müssen.

Letztlich geht es um einen guten Unterricht und ein gutes Klassenklima sowie die Vermeidung von Machtkämpfen, denn diese sind zeitaufwendig und nicht immer erfolgreich. Die Gewährleistung eines reibungslosen Unterrichts sollte stets das oberste Ziel sein. Werden relevante Störungen schon früh erkannt, reichen oft wenige nonverbale Aktionen, um Störungen im Keim zu ersticken und einen reibungslosen Unterricht zu gewährleisten.

Prävention statt Disziplinierung

Werden relevante Störungen schon früh erkannt, reichen oft wenige nonverbale Aktionen, um Störungen im Keim zu ersticken und einen reibungslosen Unterricht zu gewährleisten.

6.2 Übungen zur Präsenz

Ausstrahlung: Arbeiten Sie mit Ihrer Vorstellungskraft. Stellen Sie sich vor, dass von Ihrer Körpermitte ein strahlendes Licht ausgeht, das den ganzen Körper und jede Zelle Ihres Körpers ausfüllt. Dieses angenehme strahlende Licht dehnt sich über Ihre eigenen Körpergrenzen hinaus aus. Genießen Sie Ihre positive Ausstrahlung.

Im Moment sein: Stellen Sie sich die Fragen, zu wie viel Prozent Sie da sind oder ob Sie noch mit anderen Dingen beschäftigt sind. Vermeiden Sie, negative Stimmungen in darauffolgende Situationen mitzunehmen oder auf andere Situationen zu übertragen.

Achtsamkeit: Konzentrieren Sie sich auf das, was Sie gerade tun. Versuchen Sie, Ihre eigene Präsenz auch körperlich wahrzunehmen.

Körperliche Zentrierung: Nehmen Sie eine ruhige Körperhaltung ein: Füße parallel stellen, Gewicht auf beide Füße verlagern, den Bodenkontakt spüren, ein paar Atemzüge lang auf die eigene Mitte konzentrieren und innerlich zentrieren.

Fokus und Überblick: Trainieren Sie bewusst den Wechsel vom Fokus auf Einzelne und dem Überblick über alle.

Wahrnehmung von Spannung und Entspannung: Spannen Sie bewusst alle Muskeln Ihres Körpers an. Dann entspannen Sie diese Muskeln bewusst wieder. Nehmen Sie die Unterschiede wahr. Versuchen Sie nun, eine gute angenehme Körperspannung aufzubauen und Ihre Präsenz zu spüren. Eine gute Körperspannung erzeugt gespannte Aufmerksamkeit.

Stressmanagement: Nehmen Sie Anspannung und Gereiztheit wahr und steuern Sie entgegen, z. B. durch körperliche Zentrierung. Achten Sie im Schulalltag auf Gelegenheiten, bei denen Sie auch mal durchatmen können.

Vorbereitung: Bevor Sie den Klassenraum betreten, werden Sie sich bewusst, welche Rolle Sie haben und was Ihre Aufgabe und Ihr Ziel ist. Alle notwendigen Materialien sollten vorbereitet sein.

6.3 Präsenz zeigen

6.3.1 Nonverbal Aufmerksamkeit gewinnen

Hier ein paar Anregungen, wie Sie nonverbal Aufmerksamkeit gewinnen können:

- zu Beginn der Stunde den Blick über die Klasse wandern lassen, sodass alle sich angesprochen oder wahrgenommen fühlen; auch die Ränder und die hinteren Reihen mit einbeziehen
- körperliche Zentrierung, ruhige Körperhaltung einnehmen; wenn Sie möchten, dass die Klasse ruhig wird: selbst ruhig stehen, z. B. vorne vor der Klasse still stehen – zentrieren – atmen –, eventuell eine kurze mündliche Anweisung geben
- Wenn Sie bei Unterrichtsbeginn immer den gleichen Platz in der Klasse einnehmen, verbinden die Schüler diesen Platz mit Aufmerksamkeit.
- im Klassenraum so stellen, dass man alles gut überblicken kann und gut gesehen wird
- Bei Tischgruppenarbeit darauf achten wo man steht – wenn Sie zu einer Tischgruppe hingehen, behalten Sie auch die anderen im Blick und positionieren Sie sich entsprechend.
- entspannte Nähe zu den Schülern herstellen (Eine U-Form der Tische hat sich häufig als günstig erwiesen.)

- Einbeziehung und Aktivierung möglichst vieler durch Blicke und Fragen an alle
- während der Gespräche mit Einzelnen den Blick hin und wieder auch auf die übrige Klasse richten
- bei der Stillarbeit den Blick auf möglichst viele Tische richten
- gelegentlich im Raum bewegen (nicht nur bei der Kontrolle von Heften)
- Wenn Schüler im Raum herumlaufen, richten Sie Ihren Blick auf die Schüler, die sitzen, denn sonst folgen die anderen Ihrem Blick und verlieren auch ihre Aufmerksamkeit.

6.3.2 Aufmerksamkeit behalten

Anregungen für nonverbale Interventionen bei aufkommenden Störungen:

- durch Anblicken Blickkontakt herstellen
- Schweigen oder mitten im Satz abbrechen und anschauen. Oft bemerkt der betroffene Schüler dies erst später als seine Mitschüler und wird von diesen ermahnt oder darauf aufmerksam gemacht.

- gleichzeitig mit einer Tischgruppe reden und eine andere Tischgruppe, die sich z. B. mit Papierfliegern beschäftigt, ermahnen oder mit dem Blick fixieren
- ohne Augenkontakt eine Handbewegung in Richtung Störer
- gezielte Handbewegung Richtung Störer mit Blickkontakt
- erkennbar unzufriedene Mimik zeigen
- auf störende Schüler ein paar Schritte zugehen
- falls der Schüler umgedreht ist, eine Geste zum Umdrehen
- Zeigefinger auf den Mund legen, dabei lächeln
- ohne Augenkontakt in die Nähe der Störer gehen
- mit den Augen einem Störer zuzwinkern, je nach Beziehung und Kontext
- ins Blickfeld eines Schülers stellen
- Schüler in besonderen Fällen ggf. antippen
- erstarren, still werden, bis die Schüler wieder aufpassen
- eine bestimmende tiefe Stimmlage benutzen

- stimmliche Musterveränderung, z. B. mit veränderter Stimme sprechen, Pause machen, flüstern, mitten im Satz lauter werden
- akustische Signale setzen: laut klatschen, pfeifen, schnipsen, mit der Zunge schnalzen, auf die Tafel klopfen, Musik einschalten … (was Sie für passend und sinnvoll halten)
- Ablenkung: z. B. Licht aus/an, Arbeitsauftrag erteilen, Schlüsselbund fallen lassen, Fenster öffnen etc.

Störungen beim Tafelanschrieb vorbeugen:

- zwischendurch bewusst zur Klasse blicken oder seitlich zur Tafel stellen, statt mit dem Rücken zur Klasse; Achtung: keine verstohlenen Seitenblicke, dies wird oft als Unsicherheit wahrgenommen
- mit der inneren Aufmerksamkeit bei den Schülern bleiben (Augen im Hinterkopf)
- evtl. mit Overheadprojektor arbeiten
- Die Schüler auffordern, sofort abzuschreiben, noch während man mit dem Anschrieb beschäftigt ist – die Schüler erhalten dadurch eine Aufgabe und haben keinen Leerlauf.

Welche Möglichkeiten wirksam sind, ist eine Frage des Beobachtens und Ausprobierens und der jeweiligen Situation. Lassen Sie sich inspirieren und finden Sie weitere Möglichkeiten, Unterrichtsprozesse nonverbal zu steuern und/oder zu beeinflussen.

6.3.3 Nonverbale Anker und Rituale

»Die ganze Welt ist eine Bühne.«
Shakespeare

Die Wiener Lehrerin und Kommunikationstrainerin Pearl Nitsche beschreibt in ihrem Buch *Nonverbales Klassenzimmer Management* ausführlich, wie sie nonverbale Anker im Unterricht einsetzt. Sie definiert einen Anker wie folgt: *»Ein Anker ist ein Stimulus, der immer wieder die gleiche Reaktion hervorruft«* (Nitsche 2009, S. 27).

Es kann eine Hilfe sein, wenn Lehrkräfte gleichbleibende Aktivitäten auch in gleicher nonverbaler Weise – z. B. am selben Ort, in derselben Haltung, mit derselben Stimme etc. – durchführen. Sie etablieren dadurch eine Art Ritual, das immer gleich abläuft – zum Beispiel vor der Unterrichtseröffnung ein Moment der Stille. Jedes Mal, wenn ein Anker eingesetzt wird, wissen die Schüler, was angesagt ist, z. B. aufmerksam zuhören, Disziplinierung oder Anleitung einer Übungsaufgabe. Die Schüler erhalten mit dieser nonverbalen Botschaft einen »Anker« für jede einzelne Situation, der dann das erwartete Verhalten gewissermaßen »festhält«. Auch die Schulklingel ist übrigens ein akustischer Anker und funktioniert bei den meisten Schülern hervorragend.

Ein Anker im Klassenraum kann eine Geste, eine Haltung, ein Geräusch, ein Platz, ein Symbol, ein Bild, ein Ritual, ein Objekt etc. sein. Anker und Rituale sollten natürlich zur Klasse und Altersstufe passen.

Anker funktionieren bewusst oder unbewusst und beinhalten eine bestimmte Erwartung oder Aufforderung, z. B. »Jetzt still sein! Jetzt kommen die Hausaufgaben!«.

Sie funktionieren sehr gut auch ohne Worte und können immer wiederkehrende Sätze wie:

»Bitte Ruhe! – Handys aus! – Kaugummi aus dem Mund! – Nehmt bitte eure Hausaufgabenhefte raus!« nonverbal ersetzen.

Pearl Nitsche (2009) verwendet verschiedene Arten von Platzankern, die wir Ihnen als Anregung für Ihre eigene Praxis gerne vorstellen möchten:

Aufmerksamkeitsanker

- Platz zu Beginn des Unterrichts und Platz für wichtige Mitteilungen

Unterrichtsplatzanker

- Platz im Fokus der Aufmerksamkeit, meist vorne in der Mitte (bei Frontalunterricht)

Geschichtsecke

- für die Erzählung von Geschichten, Anekdoten oder Witzen

Time-out-Ecke

- Diese dient dem Emotionsmanagement, bei dem die Schüler die Möglichkeit haben, aufgestaute Emotionen langsam abzubauen. Es gibt aber auch sogenannte Kuschelecken, in denen Schüler die Gelegenheit haben, sich zu beruhigen oder ihre Konzentration wiederherzustellen.

Hot-Tips-Spot

- Im Hot-Tips-Spot werden sehr wichtige Informationen vermittelt, die die volle Aufmerksamkeit der Schüler erfordern. Evtl. kann es sinnvoll sein, diese auch optisch besonders zu markieren, z. B. durch ein Kreuz oder einen Kreis auf dem Boden.

Disziplinierungsplatz

- Für notwendige Konsequenzen und Disziplinierungsmaßnahmen (oft liegt dieser Platz auch vor der Klassentür). Man kann auch zwischen dem Verkünden von Disziplinarmaßnahmen und dem Ausführungsort noch mal differenzieren. Dann verbinden die Schüler den Ort mit einer Warnung und können sich ggf. darauf einstellen.

Besonders das Reglementieren und Disziplinieren sollte stets vom gleichen Platz aus erfolgen. Die Schüler verbinden dann diesen Ort mit Reglementierung und Disziplinierung. Die anderen Plätze in der Klasse bleiben davon unberührt und somit emotional unbelastet.

Wird ein Anker neu eingeführt, ist zu beachten, dass die Aktion bis zum Ende durchgeführt werden muss, damit der Anker auch funktionieren kann.

»Wenn Sie ein Handsignal geben, um Ruhe in der Klasse zu schaffen, müssen Sie sich die Zeit nehmen, nicht nur das Signal durchzuführen, sondern auch zu warten, bis aufgrund des Handsignals totale Ruhe im Klassenzimmer

herrscht. Nur so – wenn Anker sauber und systematisch eingesetzt werden – bleiben Sie als wunderbares und fast magisches Werkzeug in Ihrem Lehrerkoffer!« (Nitsche 2009, S. 41 ff.).

Bei manchen Ankern ist eine Erklärung notwendig, damit sie richtig verstanden werden.

7 Die Macht der inneren Haltung

»Der Mensch ist, was er denkt. Was er denkt, strahlt er aus. Was er ausstrahlt, zieht er an.«
Friedrich Hebbel

Unsere innere Einstellung spiegelt sich in unserer gesamten Haltung wider, sowohl im Körperausdruck, in der Mimik, in der Gestik, in der Sprache als auch im Handeln und wirkt auf unser Gegenüber.

7.1 Innere Haltung und Stimmigkeit (Glaubwürdigkeit)

Das, was wir fühlen, denken, sagen und tun, sollte daher im Einklang sein, sich in Übereinstimmung befinden. Nur dann sind wir stimmig, eine stimmige Persönlichkeit, im Einklang mit uns als »Person« (lat.: *personare* = »durchklingen«). Dies ist das Geheimnis der Glaubwürdigkeit. In diesem Zustand sind wir stark und in der Lage, unsere Interessen gut zu vertreten.

Körpersprache sollte stimmig, glaubwürdig und überzeugend sein. Schauen wir uns doch einmal folgende Sätze an:

- *»Vor lauter Traurigkeit – blieb ihr der Mund offen stehen.«*
- *»Angeekelt – rissen die Zuschauer die Arme hoch.«* (Weingardt 2011, S. 9).

Die Sätze irritieren und wir merken schnell, dass hier etwas nicht stimmt. Stimmig wäre es, Folgendes zu lesen:

- *»Vor lauter Traurigkeit – ließ er den Kopf hängen.«*
- *»Angeekelt – verzogen sie das Gesicht.«*

An diesen Sätzen wird deutlich, dass wir sofort spüren, wenn Gefühle und Körperausdruck nicht übereinstimmen.

Das Gleiche gilt auch, wenn Sprache und Körperausdruck nicht übereinstimmen – dann merkt unser Gegenüber, dass etwas nicht in Ordnung ist und ist irritiert oder verunsichert. Jede Unstimmigkeit teilen wir, auf die eine oder andere Weise, unserem Gegenüber mit.

Wenn der Körper etwas anderes sagt als die Worte, die wir hören, schenken wir dem Körper mehr Glauben.

Auch Schüler beobachten die Körpersprache ihrer Lehrer sehr genau und merken sofort, wenn etwas nicht stimmt. Manche Schüler nehmen Unstimmigkeiten genau wahr und nutzen vermutete Unsicherheiten des Lehrers aus. Oder sind verwirrt, weil sie nicht genau wissen, wie sie das Verhalten des Lehrers einschätzen sollen. Die Glaubwürdigkeit eines Lehrers hängt letztlich von der Stimmigkeit seines Verhaltens ab. Sogar übers Telefon nehmen wir Stimmungen und Einstellungen wahr. An der Stimme hören wir, ob jemand traurig oder fröhlich ist, ob jemand genervt ist oder gerne weiterhilft. Dies ist zum Beispiel ein wichtiger Aspekt bei Telefongesprächen mit Eltern.

Reflexion: Beobachten Sie sich bitte in der nächsten Situation mit einem herausfordernden Schüler/Elternteil oder Kollegen einmal ganz genau. Was fühlen Sie? Was denken Sie? Was sagen Sie? Was tun Sie? Wie handeln Sie?
Stimmen alle Bereiche überein?

7.2 Reflexion der inneren Haltung

Einer bestimmten inneren Haltung liegen bestimmte Gefühle und Einstellungen zugrunde. Diese Gefühle sind per se nicht gut oder schlecht. Die Frage ist jedoch, wie ich mit ihnen umgehe: Wie kann ich ihnen Ausdruck verleihen? Welche Haltung nehme ich ein? Ist diese Haltung in einem bestimmten Kontext passend oder unpassend? Dient sie unserer Absicht und führt sie zum gewünschten Ziel?

Ein Beispiel: Sie wissen, dass ein Kind von seinen Eltern vernachlässigt wird. Ist es hilfreich, die (gerechtfertigte) Wut im Elterngespräch ungefiltert spürbar werden zu lassen? Welche Haltung oder Einstellung könnte sowohl Ihnen als auch dem Schüler und den Eltern helfen?

Es ist förderlich, wenn wir uns unserer Einstellung bewusst werden, ehe wir damit nach außen treten. Wenn wir uns keine Gedanken über die Auswirkungen unserer inneren Haltung auf unser Gegenüber und die jeweilige Situation machen, kann es leicht geschehen, dass wir nur reagieren statt selbst Regisseur zu sein. Wir lassen uns von äußeren Einflüssen leiten, statt sie bewusst zu gestalten. Besser und vorteilhafter ist es, wenn wir die Situation in der Hand haben, anstatt die Situation uns.

Werden wir uns also unserer inneren Einstellung und ihrer Auswirkung bewusst! Sollte unsere Einstellung für eine Situation unangemessen oder nicht förderlich sein, können wir versuchen unsere innere Haltung zu verändern. Denn klares Handeln entsteht aus einer klaren inneren Haltung.

Reflexion hilft uns zu einem sicheren und glaubwürdigen Auftreten.

Reflexion: Bitte fragen Sie sich: Welche innere Haltung habe ich? Wie ist meine Einstellung
– zu mir selbst?
– zu meiner Schule?
– zu meinem Unterrichtsfach/zu meiner Arbeit?
– zu meinen Kollegen?
– zu meinen Schülern?
– zu den Eltern meiner Schüler?

Sicher ließen sich bei der Beantwortung dieser Fragen jeweils mehrere Seiten füllen. Daher wählen Sie bitte selbst einen Schwerpunkt, mit dem Sie bei dieser Übung zur Reflexion der eigenen Einstellung beginnen möchten.

Beispiel: Wie ist meine Einstellung zu den Schülern? Nehmen Sie sich eine Minute Zeit und schreiben Sie auf, was Ihnen einfällt, ohne dies innerlich zu zensieren. Keiner wird Ihre Aufzeichnungen sehen.

- Schreiben Sie auf, was Ihnen zu Ihrem nervigsten/unangenehmsten Schüler einfällt!

- Nun nehmen Sie sich eine Minute Zeit und schreiben Sie auf, was Ihnen zu Ihrem Lieblingsschüler/ angenehmsten Schüler einfällt!

Sie können die Liste beliebig fortsetzen und sich andere Schwerpunkte setzen (Kollegen, Eltern, Unterricht usw.).

7.3 Auswirkung der inneren Haltung anhand von Beispielen

- Im Elterngespräch
- In der Lehrer-Schüler-Beziehung
- Im Verhalten gegenüber Kollegen

7.3.1 Elterngespräch

Wenn Lehrer Vorbehalte gegen Eltern haben, sich durch viele eingeforderte Termine strapaziert fühlen oder bestimmte Ansprüche als unangemessen empfinden, beeinflusst das die Körpersprache, insbesondere die Mimik und Gestik. Der Satz »Schön, dass Sie da sind!« stimmt dann nicht mit Körpersprache und Tonfall überein. Wir sind nicht in der Lage, mit unserer Körpersprache Offenheit und Sympathie zu signalisieren, wenn wir sie nicht empfinden. Eltern, die mit eigenen Gedanken, Bedürfnissen, Erwartungen und einer gewissen Anspannung zum Lehrergespräch kommen, nehmen unbewusst alle körpersprachlichen Signale sehr sensibel wahr und können sich mit ihrem Anliegen von vornherein zurückgewiesen fühlen – sie gehen dann möglicherweise in Konfrontation oder in eine Verteidigungshaltung. Das kann ein konstruktives Gespräch erschweren, Verteidigungspositionen oder Ablehnung auf beiden Seiten aufbauen und ungewollt zum Disput führen.

Eine gute Stütze zur Vorbereitung auf unterschiedliche und schnell wechselnde Situationen oder Menschen im Lehreralltag ist eine Reflexion der Situation im Vorfeld.

Die Übung »Der Check« hilft, bewusst und mit einer passenden Haltung den vielfältigen Gesprächssituationen zu begegnen und sie gut zu gestalten. Sie wirken dadurch präsenter und souveräner.

Übung: Der Check

Stellen Sie sich vor einem Elterngespräch folgende Fragen und werden Sie sich Ihrer Funktion und Rolle bewusst.

Checkfragen und mögliche Antworten:

Wer bin ich? (Funktion/Rolle)

- Ich mache mir meine Rolle und Funktion bewusst.
- Konstruktive Elternarbeit ist ein Aufgabengebiet meines Berufes.

Wohin gehe ich?

- ins Klassenzimmer
- ins Elterngespräch

Wie gehe ich da hin?

- Ich gehe bewusst in die nächste Situation.
- Ich nehme meine Stimmung aus der vorherigen Situation nicht mit.

Wer ist mein Gegenüber?

- Es ist die Mutter von Kay, sie kann oft aufbrausend und emotional sein.

Welche Gedanken, Glaubenssätze, Bewertungen etc. tauchen auf?

- Kays Mutter stellt heute bestimmt wieder neue Forderungen und will mir vorschreiben, wie ich meinen Unterricht zu gestalten habe.

Welche Emotionen tauchen möglicherweise auf?

- Ich bin genervt.
- Ich fühle mich unter Druck gesetzt.

Was möchte ich erreichen? Was ist mein Ziel?

- Ich möchte zu einer konstruktiven Lösung kommen.
- Ich möchte Verständnis für meine Arbeitsweise/für den Lehrplan erhalten.

Welche innere Haltung ist damit verbunden? Wie möchte ich meinem Gegenüber begegnen? Wie will ich sein?

- Ich bin wertschätzend.
- Ich bin kooperativ, usw.

Für ein konstruktives Elterngespräch ist eine positive innere Haltung sehr förderlich und hilfreich, da sie sich in Ihrer Körpersprache widerspiegeln wird und Ihre Kompetenzen in der Gesprächsführung (zum Beispiel aktives Zuhören, Ich-Botschaften, Kritik konstruktiv formulieren) unterstützt. Der Check ist natürlich auf alle anderen Situationen (Kollegen, Unterrichtsstunden, Lehrerzimmer usw.) übertragbar und hilfreich. Wenn Sie sich eine Weile mit dem Check vertraut gemacht haben, werden Sie feststellen, dass er bald nur noch wenige Sekunden in Anspruch nimmt.

Anmerkung: Wenn Sie sich vornehmen, etwas zu verändern, sollten Sie damit innerhalb der nächsten 72 Stunden beginnen. Studien zufolge wird es andernfalls zu keiner Veränderung kommen. Ehe sich das neue Verhalten als Gewohnheit etabliert, dauert es ungefähr einen weiteren Monat.

7.3.2 Lehrer-Schüler-Beziehung

Ein Beispiel: Frau Meier gibt die Klassenarbeiten zurück und kommentiert sie.
Sie sagt zu Svenja, für die ganze Klasse hörbar: »Du hast eine Fünf geschrieben. Ich habe von dir auch nichts anderes erwartet. Du wirst es nie verstehen. Bei dir ist Hopfen und Malz verloren.«

Hier handelt Frau Meier für sich stimmig, da sie sagt, was sie denkt und fühlt. Sie drückt es in ihrem Handeln aus. Es ist allerdings die Frage, ob dieses Verhalten für ihre Rolle und Funktion als Lehrerin der Situation angemessen und vor allem für Svenja förderlich ist. Oder wäre eine Veränderung der inneren Einstellung oder Haltung hilfreicher?

Um die Situation grundlegend verändern zu können, ist eine vorurteils- und wertfreie Reflexion der Gefühlslage und Einstellung von Frau Meier notwendig. Warum handelt sie so? Welche innere Haltung liegt dieser Situation zugrunde? Wie ist es dazu gekommen? Welche Auswirkungen haben ihre Äußerungen auf die Schülerin? Was könnte Svenja unterstützen und helfen?

Wie man sich leicht vorstellen kann, ist Svenja durch die Bloßstellung vor der Klasse beschämt, sie fühlt sich abgestempelt als Versagerin. Sie fühlt sich bestätigt in ihrer Angst, dass sie nichts kann. Sie ist deprimiert, geht möglicherweise in eine Widerstandshaltung. Trotz und eventuell auch aggressives Verhalten werden durch solch eine Haltung begünstigt. Es ist durchaus zu erwarten, dass sich dieses Erlebnis sogar auf andere Schulbereiche und das Sozialverhalten auswirkt. Zudem wird dem Mädchen ein negatives Vorbild im Umgang mit Schwächen vorgelebt.

Ist sich Frau Meier dieser Auswirkungen bewusst? Berührt sie das? Möchte Frau Meier wirklich so sein? Wie wirkt sich ihr Verhalten auf die Lehrer-Schüler-Beziehung aus? Entspricht dies der Funktion und Rolle des Lehrers – und dem Wunsch von Frau Meier?

Es kann sein, dass Frau Meier keine Nerven und Kraft mehr für ihre Schüler und ihre Aufgabe hat. Vielleicht hat sie keinen Filter mehr, um Emotionen und Gefühle in konstruktive Bahnen zu lenken. Wenn dies der Fall ist, wäre es gut, wenn dies wahrgenommen wird – und sie sich nicht indirekt für ihr Verhalten rechtfertigt, indem sie es auf das Schülerverhalten abwälzt (»Die Schüler sind so schwierig …«). Jeder Mensch ist für sein Handeln eigenverantwortlich. Es ist wichtig, dass wir unsere Stimmung und unser Verhalten unabhängig davon gestalten, wie uns Menschen begegnen. Es ist immer wieder notwendig sich zu fragen:

- Was sind meine Werte?
- Wie möchte ich sein?
- Wie möchte ich dem anderen begegnen?
- Was ist meine Grundeinstellung?

Es ist natürlich, dass Menschen, wie in unserem Beispiel Frau Meier, in ihrem Leben hin und wieder ins Ungleichgewicht kommen und an ihre Grenzen stoßen. Die Arbeit als Lehrer ist herausfordernd. In der Arbeit kann es daher hilfreich sein, sich mit anderen auszutauschen (kollegiale Beratung, Supervision usw.), sich gegenseitig zu unterstützen sowie Feedback und Wertschätzung zu erhalten. Dies ist eine Form von professionellem Handeln – gegenüber den Schülern und gegenüber der eigenen Person.

Was wären alternative Einstellungen und Handlungsmöglichkeiten?

Für eine positive und förderliche Lehrer-Schüler-Beziehung finden Sie hier als Anregung beispielhafte Einstellungen:

- Ich unterstütze die Schüler in ihrem Bildungsweg. Ich bin unterstützend.
- Ich trenne die Sache von der Person.
- Ich bin wertschätzend.
- Ich präge meine Schüler positiv!
- Ich akzeptiere, dass jeder seine Begrenztheit und Begabungen hat.
- Ich bin lösungsorientiert.
- Ich gebe mein Bestes. Was der Schüler annimmt oder nicht, ist seine Angelegenheit. Ich nehme es nicht persönlich.
- Ich reflektiere mein Handeln durch kollegiale Beratung oder Supervision

7.3.3 Kollegium

Ein Beispiel: Frau Faul lässt es sich im Kollegium gut gehen und lässt die anderen die Arbeit machen. Sie wälzt gerne etwas auf andere ab, z. B. »banale Sachen« wie Kaffee zu besorgen.

Frau Faul: »Frau Fleißig, der Kaffee geht zu Ende. Können Sie welchen besorgen? Für Sie ist das doch kein Problem! Sie können das doch fix machen. Ich habe so viel zu tun und muss gleich zu einem Arzttermin.«
Frau Fleißig antwortet unstimmig: »Kann ich machen.«
Gleichzeitig denkt sie aber: »Mach es doch selber ...!«
Sie fühlt große Wut und Ärger. Die äußerliche Zustimmung passt nicht zum Gesagten (»Kann ich machen«). Die innere ablehnende Haltung spiegelt sich in Tonfall und Mimik wider. Frau Fleißig holt den Kaffee, obwohl sie es nicht will! Sie handelt für sich unstimmig.

Stimmigkeit entsteht, wenn das Fühlen, Denken, Sagen und Handeln übereinstimmen.

Jeder ist der Autor seines Drehbuches. Wir dürfen nicht erwarten, dass andere unsere Unstimmigkeit für uns auflösen. Oft ist es notwendig, Probleme anzusprechen und für unsere Bedürfnisse und Anliegen einzutreten. Auch hier ist es hilfreich, mit einer wertschätzenden inneren Haltung die Wünsche und die Kritik konstruktiv zu formulieren. Dies gilt auch für den umgekehrten Fall: Wenn wir den Eindruck haben, dass andere unstimmig handeln, können wir es ebenso ansprechen. Dabei ist es jedoch wichtig, in einem ersten Schritt die eigene Wahrnehmung ohne Interpretationen und Wertungen zu schildern. In einem zweiten Schritt sollte dargelegt werden, was das beschriebene Verhalten in einem persönlich ausgelöst hat.

Zusammengefasste Aspekte:

Stimmigkeit: Was wir fühlen, denken, sagen und tun, sollte im Einklang sein.

Es ist wichtig, sich der inneren Einstellung und ihrer Auswirkung bewusst zu werden.

Sollte eine innere Einstellung für eine Situation unangemessen oder nicht förderlich sein, können wir versuchen, unsere Haltung zu verändern.

Klares Handeln entsteht aus einer klaren Vorstellung.

Hinweis: Die Belastungen im schulischen Alltag mit seinen unterschiedlichen Anforderungen können zu dauerhaften körperlichen Anspannungen führen, die man selbst oft kaum wahrnimmt. Diese Anspannung kann

Ihre Souveränität und Gelassenheit in heiklen und herausfordernden Situationen senken. Deshalb empfehlen wir auch ein bewusstes Energie- und Stressmanagement.

Eine gute innere Haltung braucht ein gutes Energie- und Stressmanagement.

Dank

Unser herzlicher Dank geht an unsere Lektorin Dr. Nicola Offermanns, an Philipp J. Bösel (Fotos) sowie an Angelika Wiesen für die Erstellung der anschaulichen Bilder und Hannelore Dehne, Oliver Eckert, Uta Eckardt und Gabi Uhle für ihre Unterstützung.

Claudia Timpner & Ruth Eckert

Bildnachweis

Abb. 1–9: Philipp J. Bösel

Literatur

Beaux, A. u. T. Whitaker (2013): 50x Schülerverhalten verbessern – Lernumgebung verändern – leichter unterrichten. Weinheim (Beltz).

Birkenbihl, V. (2009): Signale des Körpers. Körpersprache verstehen. München (mvg), 21. Aufl.

Caswell, C. u. S. Neill (1993): Körpersprache im Unterricht. Techniken nonverbaler Kommunikation in Schule und Weiterbildung. Münster (Daedalus).

Cuddy, A. (2012): TED Global 2012 TED live http://www.ted.com/talks/amy_cuddy_your_body_language_shapes_who_you_are.

Ekman, P. (2010): Gefühle lesen. Wie sie Emotionen erkennen und richtig interpretieren. Heidelberg (Spektrum), 2. Aufl. vgl. S. 19.

Grinder, M. (2006): Absolute Spitzenklasse, Gruppendynamik in Schulklassen. Köln (Synergia), 2. Aufl.

Hattie, J., W. Beywl u. K. Zierer (2013): Lernen sichtbar machen. Baltmannsweiler (Schneider). [engl. Orig. (2010) Visible Learning. London (Routledge).]

Johnstone, K. (2002): Improvisation und Theater. Berlin (Alexander), 6. Aufl.

Linker, W. (2009): Kommunikative Kompetenz: Weniger ist mehr! Die Mikromuster der Impuls-Kommunikation. Offenbach (Gabal).

Mehrabian, A. (1972): Silent Messages: Implicit Communication of Emotions and Attitudes. Belmont/California (Wadsworth).

Molcho, S. (1996): Körpersprache. München (Goldmann).

Navarro, J. (2011): Menschen lesen. Ein FBI- Agent erklärt, wie man Körpersprache entschlüsselt. München (mvg), 6. Aufl.

Nitsche, P. (2009): Nonverbales Klassenzimmer Management. Strategien aus der Praxis für die Gruppe. Untermeitingen (Inge Reichardt), 2. Aufl.

Nolting, H.-P. (2013): Störungen in der Schulklasse. Ein Leitfaden zur Vorbeugung und Konfliktlösung. Weinheim/Basel (Beltz), 11. Aufl., S. 19.

Plath, M. (2009): Biografisches Theater in der Schule. Mit Jugendlichen inszenieren: Darstellendes Spiel in der Sekundarstufe. Weinheim/Basel (Beltz).

Schmitt, T. u. M. Esser (2010): Status-Spiele. Wie ich in jeder Situation die Oberhand behalte. Frankfurt am Main (Fischer Taschenbuch).

Thorndike, E. L. (1920): A constant error in psychological rating. *Journal of Applied Psychology* 4: 25–29.

Weingardt, B. M. (2011): Faszination Körpersprache. Was wir ohne Worte sagen. Witten (Brockhaus im SCM R-Verlag).

Willis, J. u. A. Todorov (2006): First Impressions. Making Up Your Mind After a 100-Ms Exposure to a Face. *Association for Psychological Science* 17 (7).

Über die Autorinnen

Claudia Timpner arbeitet als selbstständige Trainerin und Coach in den Bereichen Kommunikation und Team für Firmen, Unternehmen und Weiterbildungsinstitute (unter anderem auch für die Gewerkschaft Erziehung und Wissenschaft). Sie ist Dozentin für Schauspiel an der THEAS Theaterschule Bergisch Gladbach; Auftritts- und Präsentationstrainings sowie Körperspracheseminare gehören zu ihren Schwerpunkten. Fortbildungen und Zusatzqualifikationen: *Projektmanagement und Teamarbeit, NLP Master, systemisches Coaching, Team- und Konfliktcoach, Prozess- und Embodimentfokussierte Psychologie.*

Sie ist auch als Auftritts-Coach tätig und steht regelmäßig selbst auf der Bühne.

Ruth Eckert ist die Gründerin von »Personaltheater«. Als Coach unterstützt sie Menschen und Organisationen bei ihrer Weiterentwicklung. In ihre Tätigkeit integriert sie prozess- und erlebnisorientierte Theatermethoden. Die Teilnehmer entdecken neue Blickwinkel, erweitern ihre Handlungsmöglichkeiten und finden Lösungen für ihre Anliegen. Schwerpunkte ihrer Arbeit sind Kommunikation, Körpersprache und Konfliktmanagement. Das Angebot umfasst Coaching, Supervision und Seminare.

Ruth Eckert ist Diplom-Sozialpädagogin, Theaterpädagogin, Tanztherapeutin sowie Coach und Supervisorin. Vor ihrer Unternehmensgründung war sie mehrere Jahre als festangestellte Pädagogin und Dozentin für soziale Einrichtungen und Schulen tätig.

Claudia Timpner und Ruth Eckert haben ihre Kompetenzen verbunden und das Unternehmen »szenenwechsel-business« gegründet. Sie bieten unter anderem Seminare speziell für Lehrer an.

Kontakt: www.szenenwechsel-business.com